Bewegungs- und Trainingslehre
Sportbiologie · Sport und Gesellschaft

# Sport-KOMPAKT



STARK

**Umschlagbild:** © DrAfter123 / iStockphoto (verändert)


www.stark-verlag.de
1. Auflage 2020

# Inhalt


Hinweise zum digitalen Zusatz
Vorwort

## Bewegungslehre ........ 1

**1 Bewegungsanalyse** ........ 1
1.1 Bewegungsmerkmale ........ 2
1.2 Phasenanalyse (MEINEL) ........ 3
1.3 Funktionsphasenanalyse (GÖHNER) ........ 5

**2 Biomechanik** ........ 8
2.1 Prinzip des optimalen Beschleunigungsweges ........ 9
2.2 Prinzip der Anfangskraft ........ 10
2.3 Prinzip der optimalen Tendenz im Beschleunigungsverlauf ........ 11
2.4 Prinzip der zeitlichen Koordination von Teilimpulsen ........ 11
2.5 Prinzip der Impulserhaltung ........ 11
2.6 Prinzip der Gegenwirkung ........ 12

**3 Phasenmodell der Bewegungshandlung** ........ 12
3.1 Ablauf von Bewegungshandlungen ........ 12
3.2 Motiv und Motivation ........ 13

**4 Motorisches Lernen** ........ 14
4.1 Speicherung von Informationen im Gehirn ........ 14
4.2 Koordination ........ 15
4.3 Lernphasen ........ 18
4.4 Lernmethoden ........ 20
4.5 Feedback ........ 21

**5 Modelle der Bewegungssteuerung** ........ 23
5.1 Informationstheoretischer Ansatz ........ 23
5.2 Systemdynamischer Ansatz ........ 27

## Sportbiologie ........ 29

**6 Haltungs- und Bewegungsapparat** ........ 29
6.1 Muskeln ........ 30
6.2 Bänder und Sehnen ........ 35
6.3 Knochen ........ 36
6.4 Gelenke ........ 39

7 Sportverletzungen und -schäden des Bewegungsapparats ... 47
7.1 Verletzungen und Schäden der Muskulatur ... 47
7.2 Verletzungen und Schäden der Sehnen ... 49
7.3 Verletzungen und Schäden der Knorpel ... 50
7.4 Verletzungen und Schäden der Gelenke ... 51
7.5 Verletzungen und Schäden der Wirbelsäule ... 53
7.6 Aufwärmen ... 54

8 Herz-Kreislauf-System ... 55
8.1 Lungen- und Körperkreislauf ... 55
8.2 Herz ... 56
8.3 Blut ... 58

9 Atmungssystem ... 60
9.1 Weg der Atemluft ... 61
9.2 Gasaustausch in der Lunge ... 61
9.3 Atemmechanik ... 61
9.4 Regulation der Atmung ... 62
9.5 Kenngrößen der Atmung ... 63

10 Das Nervensystem ... 64
10.1 Aufbau des Nervensystems ... 64
10.2 Informationsaufnahme, -verarbeitung und -weiterleitung ... 65
10.3 Reflexe ... 67
10.4 Analysatoren ... 68

11 Immunsystem ... 69
11.1 Unspezifische (angeborene) Immunabwehr ... 69
11.2 Spezifische (erworbene) Immunabwehr ... 69
11.3 Auswirkungen von Sport auf das Immunsystem ... 70

12 Hormone ... 70
12.1 Hormonrezeptoren ... 70
12.2 Hormondrüsen ... 71
12.3 Hormonfunktionen ... 71

13 Energiestoffwechsel ... 73
13.1 Anaerobe Energiebereitstellung ... 73
13.2 Aerobe Energiebereitstellung ... 75
13.3 Ernährung ... 77

14 Temperaturregulation ... 78
14.1 Mechanismen der Wärmeabgabe ... 78
14.2 Reaktion auf Überhitzung (Hyperthermie) ... 79
14.3 Reaktion auf Untertemperatur (Hypothermie) ... 80

## Trainingslehre ..... 81


**15 Training – Grundbegriffe** ..... 81
- 15.1 Trainingsparameter ..... 82
- 15.2 Belastungsnormative ..... 82

**16 Trainingsprinzipien** ..... 83
- 16.1 Prinzip des wirksamen Belastungsreizes ..... 84
- 16.2 Prinzip der Homöostase und der Superkompensation ..... 84
- 16.3 Prinzip der Kontinuität ..... 86
- 16.4 Prinzip der Steigerung ..... 86
- 16.5 Prinzip der Periodisierung und Zyklisierung ..... 86
- 16.6 Prinzip der optimalen Relation von Belastung und Erholung ..... 89
- 16.7 Prinzip der wechselnden Belastung ..... 90
- 16.8 Prinzip der individualisierten Belastung ..... 90

**17 Leistung** ..... 90
- 17.1 Leistungsfähigkeit ..... 91
- 17.2 Leistungsvoraussetzungen ..... 91
- 17.3 Leistungsdiagnostik ..... 92

**18 Ausdauertraining** ..... 97
- 18.1 Biologische Voraussetzungen und Anpassung ..... 97
- 18.2 Formen der Ausdauer ..... 100
- 18.3 Trainingsmethoden ..... 102

**19 Schnelligkeitstraining** ..... 105
- 19.1 Biologische Voraussetzungen und Anpassung ..... 106
- 19.2 Formen der Schnelligkeit ..... 106
- 19.3 Trainingsmethoden ..... 107

**20 Krafttraining** ..... 108
- 20.1 Biologische Voraussetzungen und Anpassung ..... 108
- 20.2 Formen der Kraft ..... 110
- 20.3 Trainingsmethoden ..... 112

**21 Beweglichkeitstraining** ..... 113
- 21.1 Biologische Voraussetzungen und Anpassung ..... 114
- 21.2 Formen der Beweglichkeit ..... 114
- 21.3 Effekte und Methoden des Beweglichkeitstrainings ..... 115

**22 Techniktraining** ..... 117
- 22.1 Operationalisierung ..... 118
- 22.2 Formen des Techniktrainings ..... 118
- 22.3 Trainingsmethoden ..... 120

**23 Taktiktraining** ... 121
23.1 Formen der Taktik ... 121
23.2 Ziele und Aufgaben der taktischen Grundausbildung ... 122
23.3 Stufen einer taktischen Handlung ... 123
23.4 Trainingsmethoden ... 123

**24 Psychologisches Training** ... 124
24.1 Mentaltraining ... 124
24.2 Autogenes Training ... 125

**Sport und Gesellschaft** ... 127

**25 Gesellschaftliche Funktionen** ... 127
25.1 Organisation des Sports ... 128
25.2 Sport und Politik ... 129
25.3 Sport, Wirtschaft und Medien ... 130

**26 Gesundheit** ... 134
26.1 Risikofaktoren-Modell ... 134
26.2 Salutogenese-Modell ... 135

**27 Doping** ... 136
27.1 Erfolgsdruck als Grund für Doping ... 138
27.2 Verbreitung von Doping ... 140
27.3 Dopingmittel ... 140
27.4 Kontrollen ... 145
27.5 Verbot vs. Freigabe ... 145

**Stichwortverzeichnis** ... 149

**Autor:** Dr. Thorsten Vahl

# Hinweise zum digitalen Zusatz

Mit der im Band enthaltenen **Web-App „MindCards“** stehen Ihnen wichtige Fachbegriffe und Definitionen auch jederzeit und überall als **digitale Lernkarten** zur Verfügung.

Die MindCards können direkt im Browser geöffnet werden, die Installation über einen App-Store ist nicht erforderlich. Scannen Sie einfach den nebenstehenden QR-Code mit dem Smartphone oder geben Sie den folgenden Link ein:
**https://www.stark-verlag.de/mindcards/949801M**

Und so arbeiten Sie mit den MindCards:

- Wählen Sie die **(Teil-)Kapitel** aus, die Sie bearbeiten möchten.
- Tippen Sie auf **„alle Karten laden“**, um die Bearbeitung zu starten.
- Durch Antippen können Sie die Karte drehen und sich die den **Fachbegriff** oder die **Definition** anzeigen lassen.
- Entscheiden Sie bei jeder Karte zwischen **„kann ich“** und **„kann ich noch nicht“**.
- Die Lernkarten werden dann in verschiedenen **„Stapeln“** abgelegt, sodass Sie alle Begriffe bzw. Definitionen, die Sie noch nicht gewusst haben, noch einmal wiederholen können.
- Zum Ändern der „Lernrichtung“ (Fachbegriff – Definition, Definition – Fachbegriff), zum Zurücksetzen der Stapel oder zur Veränderung der Kartenreihenfolge gehen Sie über das **Menü** (rechts oben) in die **Einstellungen**.

# Vorwort

Liebe Schülerin, lieber Schüler,

mit dem vorliegenden Band können Sie **schnell und effektiv** die wichtigsten Aspekte der Sporttheorie wiederholen.

- Der Band greift die vier großen Bereiche **Bewegungslehre, Sportbiologie, Trainingslehre** und **Sport und Gesellschaft** (mit Berücksichtigung der Themen Gesundheit und Doping) auf.
- Der Stoff ist **präzise** dargestellt und **gut verständlich** erklärt, sodass Sie Wissenslücken kurzfristig schließen können.
- Grundlegende **Begriffe** sind blau hervorgehoben. Die besonders wichtigen Begriffe werden zusätzlich in abgesetzten blauen Feldern definiert und erläutert.
- Durch **Grafiken** und **Tabellen** werden Fakten und Zusammenhänge übersichtlich zusammengefasst.
- Mit dem ausführlichen **Stichwortverzeichnis** können Sie die wichtigsten Inhalte ganz gezielt nachschlagen.
- Die **Web-App Mindcards** ermöglicht Ihnen das individuelle Lernen und Wiederholen der relevanten Fachbegriffe und Definitionen.

Viel Freude und Erfolg bei der Arbeit mit dem Band wünscht Ihnen

Dr. Thorsten Vahl

# Bewegungslehre

Bewegungswissenschaft und Bewegungslehre befassen sich gemeinsam mit der wissenschaftlichen Untersuchung von menschlichen Bewegungen.

Die **Bewegungswissenschaft** im engeren Sinne ist grundlagenorientiert. Ihre Aufgabe ist es, Behauptungen und Hypothesen empirisch (anhand von Beobachtungen) bzw. nichtempirisch zu überprüfen und kritisch zu diskutieren. Eines ihrer Hauptziele ist das Formulieren von Gesetzmäßigkeiten.

Die **Bewegungslehre** ist anwendungsorientiert. Sie ist aus der praktischen Erfahrung heraus entstanden und gibt eine geordnete Zusammenfassung von Ratschlägen, Empfehlungen und Normen.

Bei der morphologisch-phänografischen **Bewegungsanalyse** geht es um die äußeren Aspekte einer Bewegung, beim **motorischen Lernen** und bei den **Modellen der Bewegungssteuerung** um die inneren. Die **Biomechanik** stellt einen Übergang zwischen Bewegungsanalyse und motorischem Lernen/Modellen der Bewegungssteuerung dar.

## 1 Bewegungsanalyse

Die morphologisch-phänografische **Bewegungsanalyse** ist eine Methode, mit der die äußerlich wahrnehmbaren Teile einer Bewegung beschrieben und untersucht werden können.

Zum Erfassen einer sportlichen Bewegung wird der Beobachtungsschwerpunkt auf bestimmte Bewegungsmerkmale gesetzt. Zusätzlich werden komplexe sportliche Bewegungen in verschiedene Phasen zerlegt. Die Phasen können dabei zeitlich (MEINEL) oder funktional (GÖHNER) definiert sein.

## 1.1 Bewegungsmerkmale

**Bewegungsmerkmale** sind wesentliche Kennzeichen einer Bewegung, die von außen sichtbar sind.

MEINEL/SCHNABEL nennen zwei komplexe, mehrdimensionale Merkmale (Bewegungsrhythmus und Bewegungskopplung) und sechs einfachere (Bewegungskonstanz, Bewegungsfluss, Bewegungspräzision, Bewegungsstärke, Bewegungstempo und Bewegungsumfang). Die Merkmale können nicht isoliert voneinander betrachtet werden, sondern stehen in einer inneren Abhängigkeit zueinander.

### Mehrdimensionale Merkmale

- **Bewegungsrhythmus** ist die zeitliche Ordnung der Anspannungs- und Entspannungsphasen der Muskulatur (zeitliche Ordnung von Bewegungen). Die Muskeldynamik kann in Kraft-Zeit- und Weg-Zeit-Verläufen sowie mittels Elektromyografie (Messung der elektrischen Muskelaktivität) aufgezeichnet werden. Zyklische, aber auch azyklische Bewegungen (siehe S. 3 ff.) haben einen charakteristischen Bewegungsrhythmus.
- **Bewegungskopplung** ist das absichtsvolle räumliche, zeitliche und dynamische Zusammenspiel von Teilbewegungen innerhalb eines Bewegungsablaufs. Eine solche bewusst gesetzte Abfolge von Teilbewegungen kommt z. B. bei Schwungelementen zum Einsatz, wo der Impuls von einem Körperteil auf den Gesamtkörper übertragen wird.

### Einfachere Merkmale

- **Bewegungskonstanz** beschreibt die gleichförmige Reproduzierbarkeit (Wiederholbarkeit) einer Bewegung. Dies gilt sowohl für zyklische als auch für azyklische Bewegungen.
- **Bewegungsfluss** meint die Kontinuität im Bewegungsverlauf, d. h., wie flüssig eine Bewegung ist.
- **Bewegungspräzision** bezeichnet die möglichst geringe Abweichung zwischen Bewegungsplan und Bewegungsergebnis.
- **Bewegungsstärke** sagt etwas über den Krafteinsatz bei einer Bewegung aus. Da die Kompetenz zur Regulation durch Training zunimmt, werden die Krafteinsätze in der Regel geringer. Je besser also eine Bewegung beherrscht wird, desto weniger Kraft muss man für dasselbe Ergebnis einsetzen, desto ökonomischer wird sie also.
- **Bewegungstempo** klassifiziert die Geschwindigkeit, mit der eine Bewegung ausgeführt wird.
- **Bewegungsumfang** ist die räumliche Ausdehnung einer Bewegung.

**Bewegungsharmonie**
Von Bewegungsharmonie spricht man, wenn alle Bewegungsmerkmale in einem ausgewogenen Verhältnis zueinander vorliegen. Diese ästhetische Kategorie wird beispielsweise beim Geräteturnen oder Eiskunstlauf bewertet. Ansonsten stellt sie ein Ideal dar, das in der Regel für Höchstleistung steht.
Störungen der Bewegungsharmonie weisen zumeist auf koordinative Mängel hin, die ihre Ursache in der Unvollkommenheit eines oder mehrerer Bewegungsmerkmale haben und sich so präzise feststellen und bearbeiten lassen.

## 1.2 Phasenanalyse (MEINEL)

Die Analyse von Bewegungen anhand ihrer Merkmale stößt bei komplexen Bewegungen schnell an ihre Grenzen. Daher entwickelte MEINEL eine Analysemethode nach Phasen, die zweck- und ergebnisorientiert zusammenhängen und allgemein anwendbar sind.

Sportliche Bewegungen lassen sich nach MEINEL grundsätzlich in **zyklische** und **azyklische Bewegungen** unterscheiden. Diese haben jeweils spezifische Phasen.

Nicht jede Bewegung ist rein zyklisch oder azyklisch. Es gibt auch Bewegungsformen, die einen Teil von beidem haben: Beim Weitsprung z. B. ist der Anlauf eine zyklische, der Sprung eine azyklische Bewegung.

**Azyklische Bewegungen**
Azyklische Bewegungen sind dadurch gekennzeichnet, dass das Bewegungsziel durch einmalige Bewegungsausführung erreicht wird.
Sie weisen immer eine Vorbereitungsphase, eine Hauptphase und eine Endphase auf:

- Die **Vorbereitungsphase** schafft die Voraussetzungen für ein gutes Gelingen der Hauptphase. Meist besteht sie in einer Ausholbewegung, die in Gegenrichtung zur eigentlichen Bewegung erfolgt. Der Körper befindet sich hierbei schon in Bewegung. Die Ausholbewegung muss für ein optimales Ergebnis angemessen sein, da ein zu geringes Ausholen ebenso zu einem schlechten Ergebnis führen kann wie ein zu weites. Bei der Ausführung müssen physikalische und physische Grenzen beachtet werden, insbesondere die, welche im biomechanischen Prinzip der Anfangskraft (siehe S. 10) und im Prinzip des optimalen Beschleunigungsweges (siehe S. 11) formuliert sind.

- Die **Hauptphase** bezeichnet die eigentliche Bewältigung der Bewegungsaufgabe. Das Bewegungsziel wird erreicht.
- Die **Endphase** dient dazu, nach der Hauptphase wieder einen Gleichgewichtszustand herzustellen, also die Bewegung abzuschließen. Die eigentliche Bewegungsaufgabe ist gelöst, beispielsweise hat der Speer die Hand verlassen, und die Sportlerin bzw. der Sportler muss nun den Impuls abfangen und ihre bzw. seine Bewegung vor der Linie beenden.
  Die Endphase kann bestimmten Regeln unterliegen, wie im Beispiel Speerwurf (kein Übertreten der Linie), oder aber der Sicherheit dienen, wie es unter anderem bei der Landung nach dem Stabhochsprung der Fall ist. Eine Endphase kann aber auch der Übergang zu einer neuen Bewegung sein: Beim Geräteturnen z. B. dient die Endphase meistens dem Ansteuern der nächsten Vorbereitungsphase und auch in schnellen Spielsportarten muss die Sportlerin bzw. der Sportler in der Endphase die Basis für die nächste Aktion legen. Die Tischtennisspielerin bzw. der Tischtennisspieler darf nach einem noch so gelungenen Schlag der Gegnerin bzw. dem Gegner nicht eine Seite offen lassen, sondern muss schon in der Endphase ihres bzw. seines Schlages die Rückkehr zu einer zentralen Position einleiten.

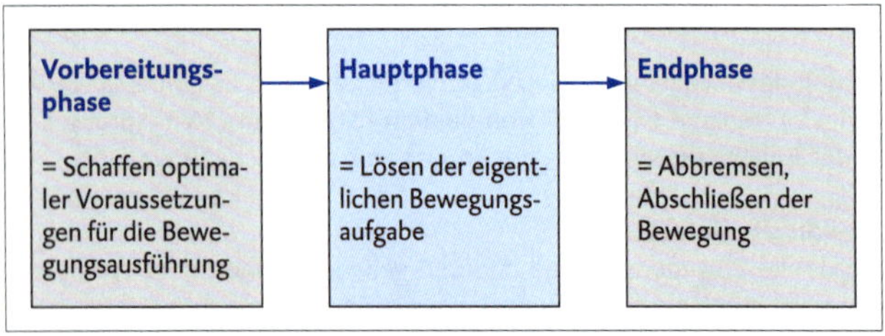


*Abb. 1: Phasenstruktur azyklischer Bewegungen*

### Zyklische Bewegungen

Bei zyklischen Bewegungen kommt es zur mehrfachen Wiederholung eines Bewegungsablaufs (fortlaufende Bewegungen).
Hier fasst man die Endphase und die Vorbereitungsphase als sogenannte Zwischenphase zusammen.

- Die **Hauptphase** bezeichnet die eigentliche Bewältigung der Bewegungsaufgabe. Beim Laufen beispielsweise umfasst die Hauptphase das Abdrücken des Fußes vom Boden und die Bewegungen während der Schwebephase.

- Die Vorbereitungsphase und die Endphase verschmelzen zu einer **Zwischenphase**. In ihr werden nach der Hauptphase wieder das Gleichgewicht hergestellt und die Voraussetzungen für die Wiederholung der Hauptphase geschaffen. Beim Laufen entspricht die Zwischenphase dem Bewegungsabschnitt von der Landung nach der Schwebephase bis zum Abdruck des Fußes vom Boden.

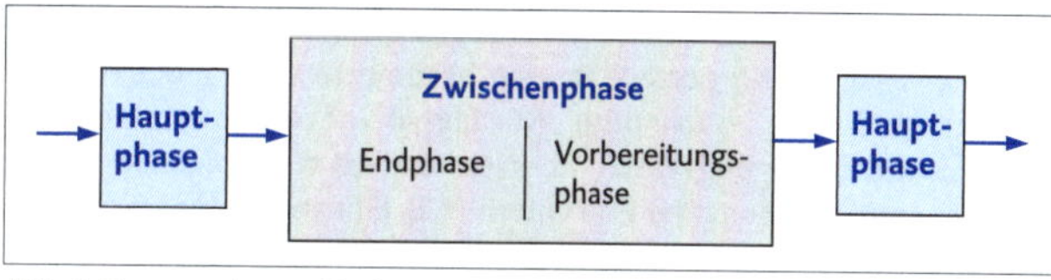


*Abb. 2: Phasenstruktur zyklischer Bewegungen*

Zusätzlich zur Einteilung in zyklische und azyklische Bewegungen kann eine Unterscheidung dahingehend erfolgen, ob der eigene oder ein anderer Körper bewegt wird:

- Bei der **Lokomotion** wird der eigene Körper im Raum fortbewegt. Dies ist in der Regel bei zyklischen Bewegungen (z. B. Radfahren, Schwimmen, Rudern) der Fall.
- Von **Manipulation** spricht man, wenn die Bewegungsaufgabe darin besteht, einen anderen Körper zu bewegen. In der Regel handelt es sich dabei um azyklische Bewegungen (Wurf beim Handball, Schuss beim Fußball, Schlag beim Tennis).

## 1.3 Funktionsphasenanalyse (GÖHNER)

Eine weitere Möglichkeit, Bewegungen zu analysieren, entwickelte GÖHNER. Um komplexe Bewegungen zu strukturieren, stellt er die Zielorientierung der Bewegungshandlung in den Vordergrund. Er geht von der Hauptfunktionsphase aus, die funktional eigenständig ist und von der die Hilfsfunktionsphasen abhängen:

- Die **Hauptfunktionsphase** bezeichnet die nicht austauschbare und manchmal mehrgliedrige Phase einer Fertigkeit. Sie muss in ihrer Funktion nicht auf andere Funktionsphasen Bezug nehmen. Beim Kraularmzug z. B. bildet die Unterwasserphase, die aus einer Zug- und einer Druckphase besteht, die Hauptfunktionsphase. Die Überwasserphase spielt dagegen keine Rolle für den Bewegungsimpuls.

- Die **Hilfsfunktionsphasen** dienen dazu, bestimmte Ausgangsbedingungen zu schaffen oder zu verbessern (ähnlich wie die Vorbereitungsphase bei MEINEL, siehe S. 3). Hilfsfunktionsphasen können vorbereitend, unterstützend oder überleitend sein:
  - **Vorbereitende Hilfsfunktionsphasen** sind funktionell abhängig und ermöglichen die Ausführung einer nachfolgenden Funktionsphase oder verbessern die Ausgangssituation dafür. Beispielsweise sollen bestimmte Punkte im Raum erreicht (z. B. Absprungbalken) oder einzelne Körperteile in eine bestimmte Lage gebracht werden (z. B. Bogenspannung). Manchmal möchte man auch bestimmte Bewegungszustände erreichen, die eine folgende Bewegung ermöglichen oder erleichtern (z. B. Einnahme einer rückwärts gerichteten Laufposition bei der Vorbereitung auf einen Sprung beim Eiskunstlauf).
  - **Unterstützende Hilfsfunktionsphasen** finden parallel zu einer vorbereitenden Hilfsfunktionsphase oder zur Hauptfunktionsphase statt. Dabei können sie **direkt** einwirken, indem sie die eigentliche Phase z. B. durch Arm- oder Beinschwung unterstützen oder durch Fuß- oder Handstellung den Kontakt zur Umgebung verbessern. Sie können aber auch **indirekt** wirken, indem sie die Bewegung stabilisieren (z. B. Kontakt mit Reckstange beim Umschwung).
  - **Überleitende Hilfsfunktionsphasen** bezeichnen Phasen, die auf eine vorausgegangene Phase Bezug nehmen. Sie stellen einen Übergang von einer erreichten Bewegungssituation zu einer neuen dar. Meist dienen sie dazu, die Hauptfunktionsphase in einen Zustand der Stabilisierung zu überführen. Ihnen kommt dabei je nach Regelwerk, Spielsituation oder Sicherheit eine unterschiedliche Rolle zu (z. B. Volleyball: Landephasen ohne Berührung von Netz und gegnerischem Feld; in der Spielsituation unmittelbare Einnahme der Verteidigungsposition).

  Zusätzlich kann eine **Hierarchisierung** der Hilfsfunktionsphasen vorgenommen werden. Wenn eine Hilfsfunktionsphase zeitlich direkt mit der Hauptfunktionsphase zusammenhängt, wird diese als Hilfsfunktionsphase 1. Ordnung bezeichnet. Unterstützt eine Hilfsfunktionsphase eine andere Hilfsfunktionsphase, nennt man sie Hilfsfunktionsphase 2. Ordnung. Diese Einteilung kann weiter fortgeführt werden.
- Damit eine Bewegung optimal gelingt, sollte der kritische Übergang von einer Phase in die nächste möglichst kurz gehalten werden. Diese Phasenübergänge, die somit die Qualität einer Bewegung bestimmen, heißen **Knotenpunkte**.

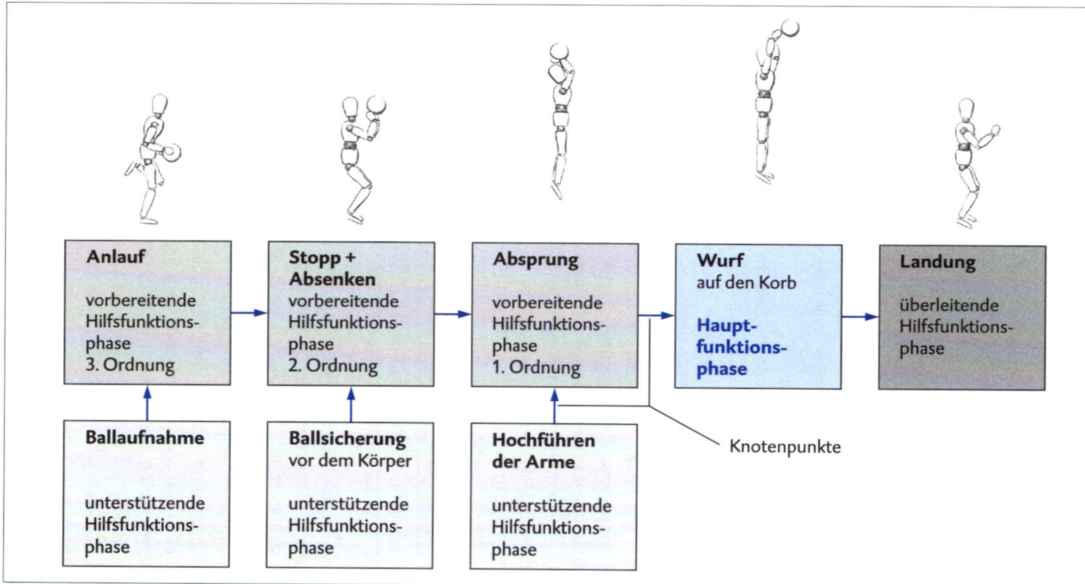


*Abb. 3: Funktionsphasenstruktur am Beispiel des Korbwurfs im Basketball*

# 2 Biomechanik

Die Sport-**Biomechanik** befasst sich mit der Beschreibung, Analyse und Erklärung sportlicher Bewegungen. Sie greift dafür auf die Methoden und Gesetzmäßigkeiten der Mechanik zurück.

Die **Mechanik** besteht aus den beiden Teilbereichen Kinematik (Lehre von den Bewegungen von Körpern, ohne Berücksichtigung von wirkenden Kräften. Wie bewegt sich ein Körper?) und Dynamik (Lehre von der Wirkung von Kräften auf Körper. Warum bewegt sich ein Körper?).

Mithilfe der Biomechanik können subjektive Beobachtungen einer sportlichen Bewegung auf einer quantitativ messbaren und somit objektiven Ebene erklärt und überprüft werden. Hierbei wird versucht, Rückschlüsse für das motorische Lernen zu ziehen.
Während im Hochleistungssport die Biomechanik hauptsächlich der Optimierung von Koordination und Kondition dient, interessieren unter breitensportlichen Gesichtspunkten vor allem die gesundheitlichen Auswirkungen von Bewegungen auf den menschlichen Organismus. Bei dieser sogenannten **präventiven Biomechanik** geht es um die Analyse und die Gestaltung von Belastungen.
Als **anthropometrische Biomechanik** bezeichnet man die Diagnose der Eignung eines Menschen für eine bestimmte Sportart und die Voraussage seiner möglichen Leistungsfähigkeit in dieser. Hierzu werden beispielsweise Körperschwerpunkt, Massenverteilung, Rumpflänge im Verhältnis zu den Beinen, aber auch Größe der Handwurzelknochen (für Rückschlüsse auf die zu erwartende Körpergröße) herangezogen.

HOCHMUTH sieht eine Aufgabe der Biomechanik in der „Verallgemeinerung der gewonnenen Erkenntnisse über die zweckmäßigste Technik der einzelnen sportlichen Disziplinen zu allgemeinen biomechanischen Prinzipien der sportlichen Technik“. Das heißt, dass jede sportliche Technik mit biomechanischen Parametern betrachtet werden kann, woraus sich allgemeingültige Prinzipien ableiten lassen. Allerdings erreichen selbst Spitzensportler*innen ihre Leistung mit individuell leicht unterschiedlichen Techniken, was die Formulierung allgemeingültiger Prinzipien sehr schwierig macht. Dennoch sind beispielsweise mit sehr hoher Wahrscheinlichkeit große Teile der von Weltrekordlerinnen und Weltrekordlern in ihren jeweiligen Disziplinen gezeigten Techniken als sehr zweckmäßig zu bezeichnen. Im Rahmen der physikalischen Gegebenheiten kann die Biomechanik also durchaus Aussagen über die

Zweckmäßigkeit einer Bewegung treffen und so eine Basis für die Analyse sportlicher Bewegungen geben. HOCHMUTH formulierte in diesem Zusammenhang insgesamt sechs **biomechanische Prinzipien**.

## 2.1 Prinzip des optimalen Beschleunigungsweges

Um beispielsweise eine möglichst große Sprunghöhe aus dem Stand zu erreichen, wird der Sprung intuitiv mit einer Ausholbewegung eingeleitet, indem die Knie leicht gebeugt werden (siehe Abb. 4). Physikalisch gesehen verlängert sich so der Beschleunigungsweg, wodurch eine höhere Geschwindigkeit beim Absprung und somit ein höherer Sprung als mit vor dem Sprung durchgestreckten Knien erreicht werden kann. Auf die Frage, wie weit man in die Knie gehen sollte, um eine möglichst optimale Sprunghöhe zu erreichen, versucht die Biomechanik mithilfe des Prinzips des optimalen Beschleunigungsweges eine Antwort zu geben. Hier helfen die rein mechanischen Prinzipien der Physik nicht mehr, da die Winkel der Knochen und die Muskeldehnung beachtet werden müssen. Wird z. B. die Muskulatur zu stark vorgedehnt, überlappen sich die Aktin- und Myosinfilamente (siehe S. 31 ff.) nicht mehr optimal, sodass weniger Kraft entwickelt werden kann.

Außerdem sind die Winkel, die Ober- und Unterschenkel bei einer tiefen Hocke bilden, derart ungünstig, dass sehr viel Kraft aufgewendet werden muss, um aus dieser Position nach oben zu kommen. Eine Beschleunigung kann also nur dann optimal gelingen, wenn der Beschleunigungsweg gerade richtig und nicht maximal ist.

*Abb. 4: Strecksprung mit Ausholbewegung*

Neben anatomischen und physiologischen Aspekten können bei der Wahl des optimalen Beschleunigungsweges auch taktische Momente eine Rolle spielen: In der Theorie wäre für einen Boxer der ideale Beschleunigungsweg für einen Schlag, durch den eine maximale Endgeschwindigkeit erreicht wird. Doch kommt er praktisch nie dazu, einen solchen Schlag anzubringen, da der Gegner ihn wegen seines Bewegungsumfangs leicht abwehren oder unter ihm abtauchen könnte. So muss für die Wahl des Beschleunigungsweges ein Kompromiss zwischen Treffwahrscheinlichkeit und Schlagstärke eingegangen werden.

## 2.2 Prinzip der Anfangskraft

Das Prinzip der Anfangskraft ist eng mit dem des optimalen Beschleunigungsweges verknüpft, da es um den Vorteil von Ausholbewegungen geht, also Bewegungen, die der eigentlichen Bewegungsrichtung entgegengesetzt sind. Sie finden vor der Haupt(funktions)phase statt.
In der Abb. 5 ist schematisch die Entwicklung der Normalkraft über die Zeit dargestellt, wie sie sich bei einem Strecksprung mit Ausholbewegung (blaue Kurve; ab $t_1$) bzw. ohne (schwarze Kurve; ab $t_3$) ergibt.
Durch das rasche Absenken des Körperschwerpunktes beim In-die-Knie-Gehen (ab $t_1$) sinkt auch die Normalkraft (solange der Wert unter $F_N = 0$ ist, wird von einem negativen Kraftstoß gesprochen; Fläche A). Sobald allerdings die Bewegung nach unten abgebremst wird, steigt die Normalkraft (dieser sogenannte Bremskraftstoß, siehe Fläche B, ist gleich dem negativen Kraftstoß; ab $t_2$).
Der darauffolgende Übergang von der Absenkbewegung zur Streckbewegung (Beginn der Sprungbewegung; ab $t_3$) sollte möglichst flüssig sein und ohne Pause erfolgen. Mit Beginn der Sprungbewegung setzt der Beschleunigungskraftstoß ein (Fläche C). Bei einem Sprung mit Ausholbewegung ist der Beschleunigungskraftstoß größer als bei einem ohne. Die positive Kraft, die sich allein durch das Abbremsen ergibt und sich auch positiv auf die Höhe des Sprungs auswirkt, wird in der Biomechanik als Anfangskraft bezeichnet und ist in der Abbildung blau hinterlegt. Es ist zu erkennen, dass das Kraftstoßplus des Sprungs ohne Ausholbewegung (graue Fläche) deutlich geringer ausfällt.

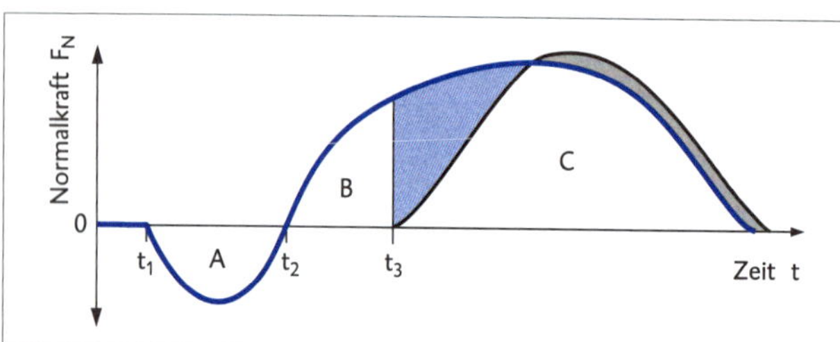


*Abb. 5: Verlauf der Normalkraft bei einem Sprung mit und ohne Ausholbewegung*

Durch eine optimale Ausholbewegung kann also eine bessere Leistung erzielt werden als ohne.

## 2.3 Prinzip der optimalen Tendenz im Beschleunigungsverlauf

Die Gestaltung des Beschleunigungsverlaufs richtet sich nach dem Bewegungsziel:

- Meist geht es darum, eine möglichst hohe Endgeschwindigkeit zu erreichen, um eine größtmögliche Weite zu erzielen. So sollte etwa beim Kugelstoßen die Geschwindigkeit stetig zunehmen und am Ende ihr Maximum erreichen.
- In anderen Fällen ist es dagegen wichtiger, möglichst schnell eine möglichst hohe Geschwindigkeit zu erreichen. So muss beim Boxen ein Schlag aus taktischen Gründen schon sehr früh sehr schnell sein, damit ihn der Gegner nicht parieren kann.

## 2.4 Prinzip der zeitlichen Koordination von Teilimpulsen

Dieses Prinzip ist eng verknüpft mit dem, was MEINEL/SCHNABEL unter Bewegungskopplung verstehen (siehe S. 2). Bei einer gelungenen Bewegung lässt sich genau erkennen, dass die Impulsübertragung zwischen Körpergliedern und Geräten räumlich, zeitlich und kräftemäßig harmoniert. Aus der möglichst optimalen Abstimmung der Teilimpulse ergibt sich ein möglichst optimaler Impuls der Gesamtbewegung.

## 2.5 Prinzip der Impulserhaltung

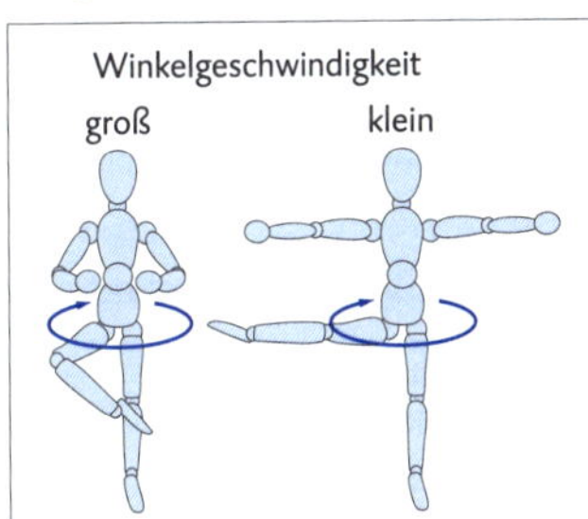


*Abb. 6: Prinzip der Veränderung der Winkelgeschwindigkeit am Beispiel einer Pirouette*

Aus dem Impulserhaltungssatz ergibt sich, dass der Gesamtimpuls in einem geschlossenen System konstant bleibt. Im Sport spielt dieser physikalische Grundsatz etwa bei Rotationen eine Rolle (Drehimpuls $L = J \cdot \omega$). Wenn z. B. ein Turmspringer bei einem Salto die Beine anzieht und eine möglichst kompakte Stellung einnimmt, nähert er seine Körpermasse der Drehachse an, was dazu führt, dass sich das Massenträgheitsmoment $J$ verringert und sich somit die Winkelgeschwindigkeit $\omega$ erhöht. Das Resultat ist eine Beschleunigung der Rotation. Entfernt der Turmspringer die Masse durch eine Körperstreckung wieder von der Drehachse, erhöht er das Massenträgheitsmoment. Durch die infolgedessen verlangsamte Rotation kann er kontrolliert ins Wasser eintauchen.

## 2.6 Prinzip der Gegenwirkung

„*Actio aequat reactionem*" lautet das 3. Axiom (Wechselwirkungsgesetz) von NEWTON. Es besagt, dass, wenn ein Körper A auf einen anderen Körper B eine Kraft ausübt *(actio)*, eine gleich große, aber entgegengerichtete Kraft von Körper B auf Körper A wirkt *(reactio)*. Natürlich sind hier nicht Körper im biologischen Sinne gemeint. Deutlich wird dieses Prinzip z. B. beim Rudern: Die Kraft, die man durch das Ruder auf das Medium Wasser entgegen der Bewegungsrichtung erzeugt *(actio)*, befördert einen gemäß diesem biomechanischen Prinzip nach vorne *(reactio)*.

# 3 Phasenmodell der Bewegungshandlung

**Bewegungshandlungen** sind die Grundlage jeder sportlichen Bewegung. Sie sind zielgerichtet und erwartungsorientiert und können in mehrere Phasen gegliedert werden, die von inneren (physischen, psychischen, kognitiven und emotionalen) und äußeren Faktoren (z. B. Wetterbedingungen, Zuschauerreaktionen) beeinflusst werden.

Beispiele für Bewegungshandlungen sind der Pass beim Fußball, der Rückhand-Return beim Tennis, der Sprung zur Überquerung der Hürde beim Hürdenlauf oder die Schraube beim Wasserspringen.

## 3.1 Ablauf von Bewegungshandlungen

Eine Bewegungshandlung kann nach dem Phasenmodell in 5 Abschnitte gegliedert werden, die voneinander abhängig sind:

- **Antriebsteil:** Ausgangspunkt für die Handlung sind die Motive der Sportlerin bzw. des Sportlers sowie andere den Antrieb regulierende Faktoren (z. B. Leistungswille, Bewegungsfreude, Angst vor Misserfolg, Aggression, Anfeuerung von Fans, Buh-Rufe), aus denen sich deren bzw. dessen (Handlungs-)Motivation ergibt.
- **Orientierungsteil:** Hier kommt es zum Entwurf von Handlungsplänen unter Berücksichtigung der äußeren und inneren Faktoren (z. B.

momentane Verfassung, technische Fähigkeiten, Position gegnerischer Spieler*innen, Gegenwind, Beschaffenheit des Untergrunds).

- **Entscheidungsteil:** In diesem Abschnitt erfolgt die Auswahl des unter den gegebenen Bedingungen vielversprechendsten Handlungsplans.
- **Ausführungsteil:** Der Handlungsplan wird umgesetzt. Dabei kommt es unter Berücksichtigung der äußeren und inneren Faktoren (z. B. unvorhergesehene Einwirkung des Gegners, nachlassende Kraft) laufend zur bewussten und unbewussten Regulation der Handlung.
- **Ergebnisteil:** In der Phase nach der Umsetzung des Handlungsplans kommt es zur Analyse der Handlung durch die Sportlerin bzw. den Sportler selbst (Eigenanalyse) oder durch eine dritte Person (Fremdanalyse; z. B. durch Trainer*in). Die Bewertung der abgelaufenen Bewegungshandlung macht es möglich, eine vergleichbare Aktion bei der nächsten Gelegenheit noch optimaler zu gestalten (siehe Feedback, S. 21 ff.).

## 3.2 Motiv und Motivation

Die Begriffe Motiv und Motivation sind eng miteinander verbunden:

**Motive** sind nach GABLER aus dem Verhalten und den sprachlichen Äußerungen erschlossene Bereitschaften, sich in einer gegebenen Situation in situationsüberdauernder (genereller), zeitlich überdauernder (zeitstabiler) und persönlichkeitsspezifischer (individueller) Weise so und nicht anders zielgerichtet zu verhalten.

**Motivation** meint dagegen nach GABLER aktuelle Prozesse, die unter den situativen Bedingungen – angeregt durch ein Motiv – zu Verhalten (z. B. Sporttreiben) führen können und dieses Verhalten in Gang halten.

Nach dem Motiv-Modell von GABLER lassen sich die Motive dabei in verschiedene Kategorien einteilen:

- bezogen auf das Sporttreiben selbst (z. B. Freude an der Bewegung)
- bezogen auf das Ergebnis (z. B. Selbstbestätigung, Anerkennung)
- als Mittel für weitere Zwecke (z. B. Gesunderhaltung, Stressabbau)

Innerhalb dieser Gruppen kann jeweils noch eine ichbezogene und eine soziale Ebene unterschieden werden (z. B. Selbstbestätigung = ichbezogen; Anerkennung = sozialer Kontext).

# 4 Motorisches Lernen

Beim Erlernen von Bewegungen finden innere Prozesse statt, die sich auf physiologische, neuro- bzw. sinnesphysiologische und energetische Vorgänge beziehen.

Unter **Lernen** versteht man jede überdauernde Verhaltensänderung, die durch Übung oder Beobachtung entstanden ist; diese Verhaltensänderung darf jedoch nicht durch Reifung, Ermüdung, Drogeneinfluss oder Ähnliches entstanden sein. (WEINERT)

Grundsätzliches Ziel von Untersuchungen zum motorischen Lernen ist es, herauszufinden, wie komplexe Bewegungen gelernt und gelehrt werden und wie man diese Prozesse verbessern kann.
Eine grundlegende Rolle bei jeglicher Art von Lernen spielt die Aufnahme und Speicherung von Informationen. Im Bereich Sport bedeutet Lernen unter anderem die Ausbildung und Verfeinerung der Koordination, wobei den einzelnen koordinativen Fähigkeiten (siehe S. 92) eine besondere Bedeutung zukommt. Da Lernen ein Prozess ist, in dem bestimmte Mechanismen erst nach und nach erworben und vervollkommnet werden, durchläuft ein*e Sportler*in im Training mehrere Lernphasen. Das Training folgt bestimmten methodischen Vorgehensweisen, wobei das Erreichen der nächsthöheren Phase auch in engem Zusammenhang mit der Qualität und der Verarbeitbarkeit von Rückmeldungen (intrinsisch und extrinsisch) steht.

## 4.1 Speicherung von Informationen im Gehirn

Als **Gedächtnis** wird die Fähigkeit des Gehirns bzw. des Nervensystems bezeichnet, Informationen aufzunehmen, zu speichern und wieder abzurufen. Das Gedächtnis wird von der Gesamtheit der Nervenzellen (speziell des Gehirns) gebildet und ist physisch nicht existent.

Physiologisch ausgedrückt hinterlässt eine Reizeinwirkung im Gehirn eine strukturelle Änderung, die man als Engramm bezeichnet.

Die Leistungen des Gedächtnisses können nach Zeit, Inhalt und beteiligten Prozessen unterschieden werden. Am anschaulichsten lässt sich die Funktion des Gedächtnisses nach Zeit unterteilen:

- Dem **Ultrakurzzeitgedächtnis** kommt die Funktion der Informationsaufnahme, der kurzen (Zwischen-)Speicherung, der Filterung und der Übertragung ins Kurzzeit- und Langzeitgedächtnis zu.
- Das **Kurzzeitgedächtnis** ist, um es mit einem Begriff aus der Computerwelt zu beschreiben, der Arbeitsspeicher, in dem Informationen 30–60 s lang gespeichert werden. Diese Informationen werden unmittelbar verfügbar gehalten, wobei die Kapazität des Kurzzeitgedächtnisses jedoch begrenzt ist.
- Im **Langzeitgedächtnis** werden Informationen für mehrere Minuten, einige Wochen oder sogar ein Leben lang gespeichert.

Ausgangspunkt für die Aufnahme, Verarbeitung und Speicherung von Informationen sind **Rezeptoren (Sinneszellen)**, die zu **Sinnesorganen** zusammengefasst sein können (Auge, Ohr etc.). Die aufgenommenen Informationen werden von fünf **Analysatoren** (Sinnessysteme; siehe auch S. 68 f.) entsprechend ihrer sensorischen Eigenart aufgearbeitet:
- Taktiler Analysator: Was spüre ich auf der Haut?
- Kinästhetischer Analysator: Wie fühlt sich die Bewegung an?
- Optischer Analysator: Was ist zu sehen?
- Akustischer Analysator: Was ist zu hören?
- Statico-dynamischer Analysator (Vestibularanalysator): Bin ich im Gleichgewicht?

Die Analysatoren liefern Informationen, die z. T. auch unbewusst verarbeitet werden. Wind wird beispielsweise beim Radfahren taktil wahrgenommen, zugleich aber auch akustisch oder optisch, wenn sich Bäume und Sträucher im Sturm beugen.

## 4.2 Koordination

Unter **Koordination** wird das Aufeinanderabstimmen der Muskeln zueinander bzw. des Zentralnervensystems mit der Muskulatur verstanden.

### Intermuskuläre Koordination

Mit intermuskulärer Koordination wird das Zusammenspiel zwischen einzelnen Muskeln/Muskelgruppen, d. h. zwischen synergistisch und antagonistisch arbeitender Muskulatur bezeichnet. Beugt z. B. der zweiköpfige Oberarmmuskel (*Musculus biceps brachii*) den Arm im Ellenbogengelenk, wird gleichzeitig der dreiköpfige Unterarmstrecker (*M. triceps brachii*) gedehnt. Der Bizeps arbeitet hierbei als Agonist, der Trizeps als Antagonist. Bei jeder Bewegung kommen Synergisten und Antagonisten zum Einsatz, wobei nur ihre optimale Abstimmung eine runde Bewegung ergibt (Bewegungspräzision, siehe S. 2). Wie das Beispiel der Kniebeuge zeigt, wo Gesäßmuskel, vorderer Oberschenkelmuskel und Wadenmuskel eine sogenannte Muskelschlinge (Streckschlinge) bilden, können Muskeln auch über mehrere Gelenke hinweg funktional zusammenwirken.

**Intramuskuläre Koordination**

Die intramuskuläre Koordination bezeichnet das Zusammenspiel von Zentralnervensystem (ZNS) und einem einzelnen Muskel bei einem bestimmten Bewegungsablauf.

So wird vom Nervensystem beispielsweise die Anzahl der aktivierten motorischen Einheiten (Einheit aus Motoneuron und Muskelfasern; siehe S. 32) und dadurch die Anzahl der kontrahierenden Muskelfasern reguliert. Dieser Vorgang wird als **Rekrutierung** bezeichnet, das Ergebnis als **Rekrutierungsmuster**. Dadurch kann die Kontraktionsstärke eines Muskels relativ präzise eingestellt werden.

Je nachdem, wie viele Muskelfasern durch ein einzelnes Motoneuron angesteuert werden, ist eine gröbere oder eine feinere Koordination der Muskulatur möglich.

**Koordinative Fähigkeiten**

Motorische Grundeigenschaften bezeichnet man als Fähigkeiten. Dazu zählen die **konditionellen Fähigkeiten** Ausdauer, Schnelligkeit, Kraft und Beweglichkeit (siehe S. 91 f.). BLUME stellt diesen konditionellen Fähigkeiten sieben eng miteinander verknüpfte **koordinative Fähigkeiten** gegenüber, die die Basis für eine Vielzahl von Bewegungen bilden:

- **Kopplungsfähigkeit:** Darunter versteht man die Fähigkeit, die Bewegungen von Körperpartien zeitlich und räumlich zu koordinieren. Beispielsweise muss der Beinschlag beim Delfinschwimmen zum richtigen Zeitpunkt erfolgen, damit der Impuls auf die Überwasserphase der Arme übertragen werden kann.
- **Differenzierungsfähigkeit:** Damit wird die Fähigkeit bezeichnet, Bewegungen auf ihre Genauigkeit und ihre Ökonomie hin zu kontrollieren. So werden im Verlauf des motorischen Lernprozesses Bewegungen mit stetig abnehmendem Muskeleinsatz bewerkstelligt, da beispielsweise die Schwerkraft und Schwungelemente zur Unterstützung miteinbezogen werden.
- **Gleichgewichtsfähigkeit:** Die Fähigkeit, das Gleichgewicht aufrechtzuerhalten oder wiederherzustellen. Diese Fähigkeit spielt z. B. beim Turnen oder in Zweikämpfen (Ballsportarten) eine große Rolle.

- **Rhythmisierungsfähigkeit:** Bezeichnet die Fähigkeit, je nach Bedarf seine Bewegungen an einen von außen vorgegebenen Rhythmus anzupassen (z. B. beim Rudern an den des Schlagmanns oder beim Tanzen an den der Musik) oder einen eigenen Rhythmus aufrechtzuerhalten (z. B. Atmung beim Laufen).
- **Umstellungsfähigkeit:** In vielen Sportarten kann es vorkommen, dass die geplante Bewegung kurzfristig umgestellt werden muss. Dies ist z. B. als Reaktion auf das Fintieren des Gegners erforderlich oder aber wenn man erkennt, dass die eigene Aktion in der geplanten Form nicht erfolgreich sein kann (im Volleyball z. B. sehr gut gestellter Block gegen einen Schmetterschlag, sodass auf einen Lob ausgewichen werden muss, der seinerseits die Umstellungsfähigkeit der Blockenden herausfordert). Die Fähigkeit, das Bewegungsprogramm schnell anzupassen, wird als Umstellungsfähigkeit bezeichnet.
- **Orientierungsfähigkeit:** Darunter versteht man die Fähigkeit zur Kontrolle der Körperposition im Raum oder im Verhältnis zu einem anderen Objekt. So muss z. B. der Stürmer im Fußball einen guten Spielüberblick haben und bei einem möglichen Anspiel gleichzeitig seine eigene Position, die seiner Mitspieler und vor allem die der Abwehrspieler (Abseits) erfassen, um eine gute Torchance zu schaffen.
- **Reaktionsfähigkeit:** Die Fähigkeit, schnell und zielspezifisch auf äußere Signale (z. B. Startschuss) oder auf vorausgegangene Bewegungen (z. B. Ballabwehr des Torwarts, Angriffsabwehr beim Fechten) zu reagieren.

## Koordinative Fertigkeiten

Von den koordinativen Fähigkeiten sind die **koordinativen Fertigkeiten** zu unterscheiden, welche sich auf konkrete Bewegungen beziehen.

| Konditionelle Fähigkeiten | Koordinative Fähigkeiten |
|---|---|
| • Kraft<br>• Ausdauer<br>• Schnelligkeit<br>• Beweglichkeit | • Orientierungsfähigkeit<br>• Kopplungsfähigkeit<br>• Differenzierungsfähigkeit<br>• Gleichgewichtsfähigkeit<br>• Reaktionsfähigkeit<br>• Umstellungsfähigkeit<br>• Rhythmisierungsfähigkeit |

| Elementare Fertigkeiten | Koordinative Fertigkeiten |
|---|---|
| • Laufen → | • Sprint |
| • Springen → | • Korbleger |
| • Werfen → | • Sprungwurf |

*Tab. 1: Fähigkeiten und Fertigkeiten*

### KAR-Modell

NEUMAIER entwickelte ein Modell, mit dessen Hilfe für jede Sportart ein eigenes Profil der koordinativen Anforderungen erstellt werden kann. Dafür werden die **Informationsanforderungen** (optisch, akustisch, kinästhetisch, taktil und statico-dynamisch/vestibulär) und die **Druckbedingungen** (Situations-, Komplexitäts-, Zeit-, Präzisions- und Belastungsdruck) als Komponenten isoliert und in Form von Reglern dargestellt, woraus sich der Name **Koordinations-Anforderungs-Regler-Modell (KAR-Modell)** ableitet. Indem man die einzelnen Regler auf verschiedenste Weise verschiebt (z. B. können die optischen Informationsanforderungen variiert werden, indem bei unterschiedlichen Lichtverhältnissen, mit Sonnenbrille oder gar Scheuklappen geübt wird), erhofft man sich, Hinweise für das Bewegungslernen zu erhalten.

| | |
|---|---|
| **Situationsdruck** | Anforderung durch herausfordernde und wechselnde Umgebungs- und Situationsbedingungen |
| **Komplexitätsdruck** | Anforderung durch schnell aufeinanderfolgende oder gleichzeitige Bewegungsaufgaben |
| **Zeitdruck** | Anforderung durch wenig Zeit für Bewegungen |
| **Präzisionsdruck** | Anforderung durch nötige Genauigkeit der Bewegungen |
| **Belastungsdruck** | Anforderung durch psychische und physisch-konditionelle Belastungen |

*Tab. 2: Übersicht über die verschiedenen Elemente der Druckbedingungen*

## 4.3 Lernphasen

### Voraussetzungen

Wie eine Bewegungsaufgabe gelöst wird, hängt maßgeblich von der Motivation, der Veranlagung, dem Lernstadium und den situativen Gegebenheiten ab.

- Je nach Ausgangslage liegt vor der Durchführung einer Bewegung ein mehr oder weniger großes und stabiles **Bewegungsmuster** (= Sollwert) im Langzeitgedächtnis vor und die Sportlerin bzw. der Sportler fokussiert dementsprechend die Aufmerksamkeit. Hierbei können als Fehlerquellen eine falsche Vorstellung, eine falsche Reduzierung oder eine nicht ausreichende Abstrahierung der Bewegung auftreten.
- Nach der Bewegung kann es aufgrund einer falschen **Beurteilung** der Bewegungsausführung zu Fehlern kommen, etwa weil die eigene Körperwahrnehmung mangelhaft ausgebildet ist. Es kann beispielsweise aber auch sein, dass ein*e Trainer*in ihr bzw. sein Feedback ungenau, unangepasst oder unangemessen formuliert.

Bewegungslernen heißt in erster Linie Wiederholung oder Übung. Wenn ein*e Sportler*in in relativ kurzer Zeit auf die Stufe der Feinkoordination und höher gelangt, spricht man von **Talent**. Zahlreiche **interne und externe Faktoren** beeinflussen den **Lernerfolg**. Zu den internen Faktoren zählen beispielsweise Motivation (siehe S. 13), Bewegungserfahrung, Auffassungsgabe, Lerntyp, Stimmung und Seitigkeit (z. B. Dominanz einer Körperhälfte). Externe Faktoren sind unter anderem die Qualität der Lernumgebung, die Erfahrung der Trainerin bzw. des Trainers sowie die Witterungsbedingungen.

### Phasen des Bewegungslernens

Grundsätzlich werden beim Bewegungslernen drei Phasen unterschieden (nach MEINEL/SCHNABEL):

- **Grobkoordination** (1. Lernphase): In dieser Phase ist die Bewegung nur unter günstigen Bedingungen angemessen ausführbar. Der Bewegungsfluss ist plump, der Krafteinsatz falsch koordiniert, die Bewegung unpräzise und nicht konstant reproduzierbar. Die Sportlerin bzw. der Sportler hat zwar eine äußere Vorstellung von der Bewegung, die innere Repräsentation ist jedoch noch nicht ausgeprägt. Zudem sind Aufmerksamkeit und Wahrnehmung noch so unstrukturiert, dass wichtige Einzelheiten nicht selektiert werden können. Aus all diesen Faktoren ergibt sich, dass die Leistung in der Phase der Grobkoordination gering ist.
  In dieser Lernphase erfolgt die Rückmeldung hinsichtlich der Bewegungsausführung (Feedback, siehe S. 21 ff.) in der Regel über den optischen und den akustischen Analysator (siehe S. 15 und 68). Da die Bewegungsprogramme noch nicht bzw. kaum fixiert sind, ist eine Fehlerkorrektur noch leicht möglich.
- **Feinkoordination** (2. Lernphase): In dieser Phase kann die Bewegung fehlerfrei ausgeführt werden, sofern die Bedingungen stimmen. Die Verkrampftheit ist einem ökonomischeren Krafteinsatz gewichen, sodass die Bewegung flüssig wirkt und das Timing korrekt ist.
  Die körpereigenen Empfindungen können besser zur Fehlerkorrektur herangezogen werden, da die innere Repräsentation weiter entwickelt ist und eine gute eigene Körperwahrnehmung vorliegt. Neben dem optischen und dem akustischen Analysator spielt in dieser Phase daher auch der kinästhetische Analysator eine größere Rolle. Wahrnehmung und Aufmerksamkeit sind sinnvoll ausgerichtet und die Vielzahl der Sinneseindrücke kann zweckmäßig reduziert werden. Da die Bewegungsprogramme jetzt schon stark eingeprägt sind, ist eine Fehlerkorrektur schwierig.

- **Stabilisierung der Feinkoordination** und **variable Verfügbarkeit** (3. Lernphase): Die Bewegung kann in dieser Phase auch unter ungewohnten oder sehr schwierigen Bedingungen erfolgreich ausgeführt werden. Die Sportlerin bzw. der Sportler ist in der Lage, die Bewegung zu variieren, anzupassen oder zu übertragen.
  Die innere Repräsentation ist hoch entwickelt. Körpereigene Rückmeldungen werden vor allem mithilfe des kinästhetischen Analysators sehr sensibel wahrgenommen und richtig eingeordnet. Die Bewegung ist automatisiert, sodass Wahrnehmung und Aufmerksamkeit von der Bewegung abrücken und sich auf die Situation richten können. Eine Korrektur von Fehlern in den Bewegungsprogrammen ist in dieser Phase allerdings äußerst schwierig.

## 4.4 Lernmethoden

Beim Lehren einer Bewegung muss eine Entscheidung über die Struktur des Lernprozesses getroffen werden. Dabei lassen sich je nach motorischem Niveau der Lernenden und der Komplexität der Bewegung zwei grundsätzliche Methoden differenzieren, die Ganzheits- und die Teillernmethode:

- **Ganzheitsmethode:** Eine einfache Bewegung kann von motorisch versierten Lernenden praktisch sofort angemessen koordiniert ausgeführt werden. Nichtsdestotrotz können eventuell die Ausgangsbedingungen erleichtert werden, indem z. B. Elemente der Sportspiele (z. B. Torwurf beim Handball) zunächst ohne Gegner geübt werden **(Prinzip der verminderten Lernhilfen)**. Genauso kann auch auf Bewegungen zurückgegriffen werden, die der Lernende bereits kennt, und sich von dort aus an die Zielbewegung herangetastet werden **(Prinzip der graduellen Annäherung)**.
- **Teillernmethode (Zergliederungsmethode):** Ist eine Bewegung komplex (z. B. Korbleger beim Basketball, Sprungaufschlag beim Volleyball) oder das motorische Niveau der Lernenden niedrig, kann es sich anbieten, die einzelnen Teilbewegungen zunächst isoliert zu trainieren **(Prinzip der Aufgliederung in funktionelle Teileinheiten)** oder erst nach und nach immer mehr Phasen der Zielbewegung aufzunehmen. Folgt man der Phasenanalyse nach MEINEL, sollte die Hauptphase erst erlernt werden, wenn die Vorbereitungsphase auf einem bestimmten Niveau beherrscht wird. GÖHNER hingegen stellt die Lösung der Bewegungsaufgabe in den Mittelpunkt und behauptet, dass diese funktional unabhängig ist – also praktisch isoliert geübt werden kann – und somit am Anfang des Lernprozesses stehen soll.

Ziele, Inhalte und Methoden stehen im Training in einer starken Wechselwirkung zueinander, wobei die Methodik meist die dominante Position einnimmt. Ein*e gute*r Trainer*in zeichnet sich dadurch aus, dass er bzw. sie kein starres Konzept hat, sondern in der Lage ist, je nach zu erlernender Bewegung und unter Berücksichtigung des Lernenden zwischen der Ganzheits- und der Teillernmethode umzuschalten. Dazu trägt auch ein breites Repertoire an methodischen Übungsreihen bei, die je nach Situation angepasst werden können.

**Methodische Übungsreihen** sind Abfolgen von Übungen, die nach methodischen Prinzipien aufgebaut sind (siehe Ganzheitsmethode und Teillernmethode) und auf klassischen Grundsätzen wie „vom Bekannten zum Unbekannten" oder „vom Einfachen zum Komplexen" basieren.

Beim **Differenziellen Lernen** nach SCHÖLLHORN geht es im Wesentlichen darum, dass die Perfektionierung einer Bewegung nicht durch stoisches Verfolgen eines Bewegungsideals erfolgen soll. Vielmehr werden die im Übungsverlauf natürlich auftretenden Abweichungen zwischen verschiedenen Bewegungsausführungen (Differenzen) als notwendige Fluktuation auf dem Weg zur individuellen Bewegungsoptimierung interpretiert: Denn dadurch lernt die Sportlerin bzw. der Sportler, adäquat auf verschiedene Gegebenheiten zu reagieren. Je stärker die Abweichungen von den Standardbedingungen sind (SCHÖLLHORN spricht von „Rauschen"), desto mehr Informationen sammeln die Sportler*innen und desto komplexer und schneller sind ihre Bewegungslösungen.

## 4.5 Feedback

Unter **Feedback** versteht man sensorisch aufgenommene bewegungsbezogene Informationen, die der Sportlerin/dem Sportler während oder aber auch erst nach einer Bewegungsausführung zur Verfügung stehen.

Feedback ist eine wichtige Lernvariable, die sich zunächst in zwei Kategorien einteilen lässt:

| Intrinsisch | Extrinsisch |
|---|---|
| Selbstwahrnehmung: über Analysatoren (siehe S. 15 und 68 f.); visuelle und akustische Meldungen, Kinästhesie (Bewegungsgefühl) | Externe Quellen:<br>Verbal/nonverbal<br>Qualitativ/quantitativ |

*Tab. 3: Intrinsisches vs. extrinsisches Feedback*

Beim extrinsischen Feedback lassen sich zwei Arten unterscheiden:

- Rückmeldungen zum Bewegungsergebnis (*Knowledge of Results*, KR)
- Rückmeldungen zur Bewegungsausführung (*Knowledge of Performance*, KP)

Ziel der Rückmeldungen ist es, die Bewegung künftig zu verbessern. Es stellt sich dabei die Frage, wie oft, wann, wie präzise und auf welche Weise Feedback gegeben werden soll, insbesondere zur Bewegungsausführung (KP):

- **Wie oft?**
  Je niedriger das Lernniveau, desto häufiger sollte eine KP-Gabe erfolgen. Dies gilt insbesondere dann, wenn die Ausführung stark von der angestrebten Bewegung abweicht. Aber selbst in der Lernphase der Grobkoordination sollte ein KP nicht immer, sondern nur nach jedem zweiten oder dritten Versuch gegeben werden. Sobald der interne Wahrnehmungsmechanismus besser entwickelt ist, kann die KP-Gabe reduziert werden. Die Frequenz hängt außerdem von der Schwierigkeit der Übung ab.
- **Wann?**
  Das Prä-KP-Intervall, also der Zeitraum zwischen Bewegungsausführung und Feedback, sollte am besten so groß sein, dass die Sportlerin bzw. der Sportler zunächst ihre bzw. seine eigenen Eindrücke von der Bewegung verarbeiten kann. Das Post-KP-Intervall, also der Zeitraum zwischen Rückmeldung und erneuter Ausführung, sollte wiederum nicht zu groß sein, damit die KP-Gabe noch umgesetzt werden kann. Allerdings ist zu beachten, dass bei komplexeren Übungen mehr Zeit benötigt wird, um sich mental auf den nächsten Versuch vorbereiten zu können.

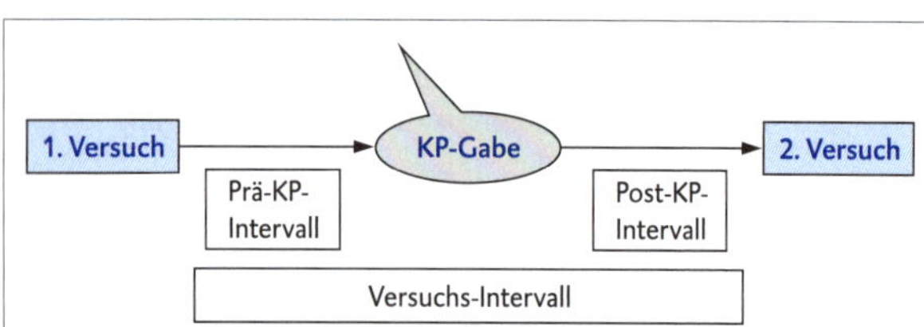


*Abb. 7: Schematische Übersicht zur KP-Gabe*

Bei Rückmeldungen spielt auch die Gruppengröße eine Rolle, da langes Anstehen in einer großen Lerngruppe, etwa einer kompletten Schulklasse, sinnvolles Üben mit Feedback quasi ausschließt.

- **Wie präzise?**
  Die inhaltliche Gestaltung einer Rückmeldung hängt von deren Verarbeitbarkeit sowie dem Lernniveau und dem kognitiven Vermögen der Lernenden ab. Im Anfängerbereich oder in der Schule sind qualitative Aussagen wie „größer!“ oder „höher!“ ausreichend. Je ausdifferenzierter das motorische und das kognitive Niveau jedoch sind, desto präziser kann auch eine quantitative Aussage werden: „Um 5 Grad größerer Winkel!“ oder „2 cm weniger!“.
- **Auf welche Weise?**
  Das Feedback kann verbal, grafisch oder optisch erfolgen. Bei einer Videoanalyse ist es notwendig, nicht nur die Bewegung der bzw. des Trainierenden, sondern auch eine sehr gute Ausführung (z. B. mithilfe eines Lehrfilms) zu präsentieren, damit nicht nur der Ist-Wert aufgezeigt wird, sondern auch ein Soll-Wert.

Generell lässt sich sagen, dass die KP-Gabe in Bezug auf Genauigkeit und Modalität (Vermittlungsweise) sowohl der Bewegung als auch dem Alter und dem Lernniveau der Sportlerin bzw. des Sportlers angepasst sein sollte.

Als **Carpenter-Effekt** (siehe auch S. 124) wird das Phänomen bezeichnet, dass das Sehen einer Bewegung (und in abgeschwächter Form auch schon das Denken an eine Bewegung) diejenigen Hirnregionen erregt, die auch an der tatsächlichen Ausführung der entsprechenden Bewegung beteiligt wären. Daraus lässt sich schließen, dass Bewegungslernen in gewissem Umfang auch durch Beobachtungen möglich wird, was verdeutlicht, wie wichtig es ist, den Lernenden gute visuelle Bewegungsvorbilder zu geben.

# 5 Modelle der Bewegungssteuerung

Mithilfe verschiedener Modelle wird versucht, die Steuerung von Bewegungen zu erklären. Zu den Modellen mit informationstheoretischem Ansatz zählen Open-loop- und Closed-loop-Theorien sowie die GMP-Schema-Theorie, während die ökologische Aktionstheorie den Modellen mit systemdynamischem Ansatz zuzurechnen ist.

## 5.1 Informationstheoretischer Ansatz

In den 1970er-Jahren reduzierte man den Menschen oft auf ein informationsverarbeitendes System. Zur Beschreibung der Mechanismen beim Lernen wurden daher Begrifflichkeiten aus der Kybernetik (Wissenschaft von den Steuerungs- und Regelungsvorgängen der Maschinen) übernommen.

- **Open-loop-Theorien** gehen davon aus, dass eine Bewegung, die einmal in Gang gesetzt wurde, nicht mehr gestoppt oder verändert werden kann. Erst nach der Bewegungshandlung ist eine Beurteilung der Bewegung, also ein Vergleich mit einem Sollwert, möglich. Betroffen sind sehr schnelle Bewegungen (kürzer als ca. 200 ms; z. B. Fintieren: Dauer ca. 70 ms, Gerade beim Boxen: Dauer ca. 40 ms).
- Bei **Closed-loop-Theorien** wird hingegen ein System vorausgesetzt, in dem mittels Regelkreisen eine Kontrolle und Anpassung während der Bewegung möglich ist. Diese Regelung kann dabei unbewusst (reflektorisch) oder bewusst ablaufen. Aufgrund der Zeit, die für das Rückmeldesystem notwendig ist, können mit diesen Theorien nur die Bewegungen erklärt werden, die länger als ca. 200 ms dauern (z. B. Aufschlag beim Tennis).
- ADAMS unterteilt Bewegungen in zwei Phasen, wobei die erste Open-loop- und die zweite Closed-loop-gesteuert ist **(Zwei-Phasen-Theorie)**. Die erste Phase dient dazu, eine Bewegung zu initiieren. Dies geschieht mithilfe der sog. Gedächtnisspur, die einfache motorische Programme enthält. Die zweite Phase ist dann von der sog. Wahrnehmungsspur geprägt. ADAMS geht davon aus, dass jede Bewegung über den Weg der Sinneseindrücke eine interne Repräsentation hinterlässt. Diese Wahrnehmungsspur bildet den Referenzwert, an dem eine neue Bewegung noch im Verlauf bewertet werden kann. Dieser permanente Soll-Ist-Wert-Vergleich bildet die Grundlage für den Fehlererkennungsmechanismus. Somit kann motorisches Lernen als Verbesserung der Wahrnehmungsspur bezeichnet werden. Ausgehend von dieser Theorie kann eine falsche Bewegungsausführung zwei mögliche Fehler als Ursache haben: eine falsche Auswahl der Gedächtnisspur oder ein Fehler in der Wahrnehmungsspur.
  Die Kritik an der Theorie von ADAMS besteht vor allem darin, dass er die beiden Spuren als völlig unabhängig voneinander beschreibt, dass die Feedbackauswertung zu große Bedeutung hat und dass es zu einer sehr großen Fülle an Informationen kommen müsste, da jede Bewegung eine eigene Spur hinterlässt.

Als Antwort auf die Kritik an den reinen, isoliert betrachteten Open-loop- und Closed-loop-Theorien entwickelten SCHNABEL und SCHMIDT Modelle, in denen sowohl Steuerungs- als auch Regelprozesse berücksichtigt sind.

- Nach dem **Regelkreismodell** von SCHNABEL wird eine Bewegung zwar vorgesteuert, im Verlauf aber permanent geregelt. Das Handlungsziel fungiert dabei als Kontrollinstanz. Charakteristisch für das Regelkreismodell ist die Unterscheidung eines inneren und eines äußeren Regelkreises.

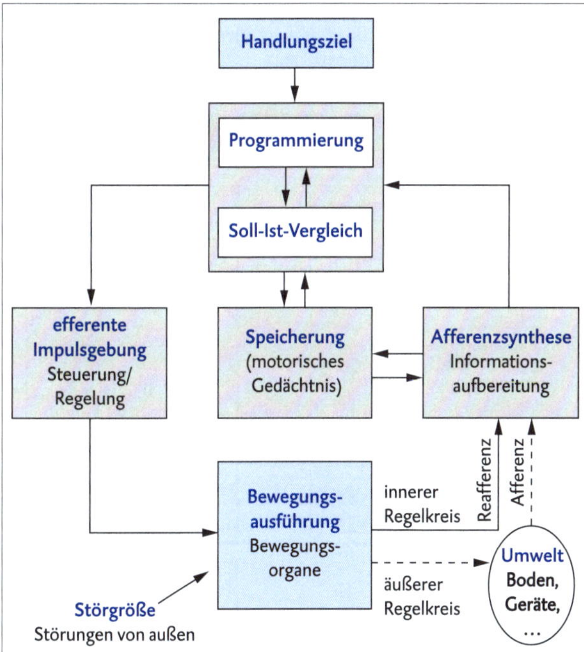


*Abb. 8: Regelkreismodell (nach SCHNABEL)*

- SCHMIDT greift für sein Modell die motorischen Programme der Open-loop-Theorien auf. Während dort aber davon ausgegangen wird, dass jede Bewegung in allen Details in einem Programm abgebildet ist und als Ganzes abgerufen wird, vertritt SCHMIDT die Ansicht, dass ein solches Programm, er bezeichnet es als generalisiertes motorisches Programm (GMP), nur für ganze Bewegungsklassen vorliegt und dass es für eine Realisierung variable Parameter benötigt.

Ein **generalisiertes motorisches Programm (GMP)** ist eine Bewegungsvorlage mit bestimmten invarianten Bestandteilen, das in der konkreten Bewegungsausführung mit variablen Parametern kombiniert wird.

Die invarianten Parameter können nur in ihrer Gesamtheit unter Wahrung der Proportionalität verändert, d. h. gestaucht oder gedehnt werden (Gestalt-Konstanz).

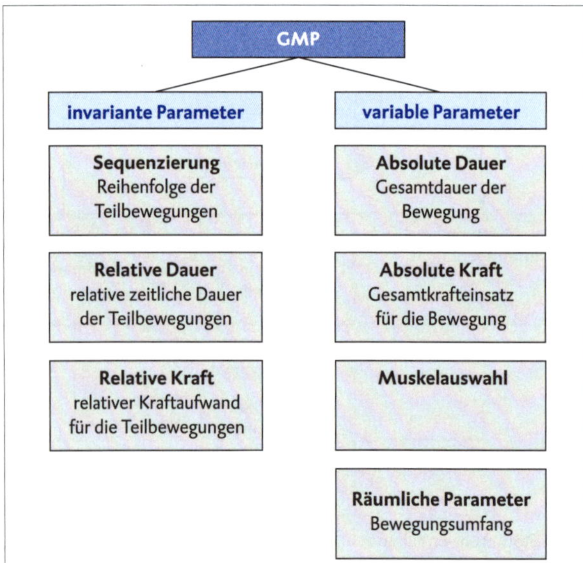


*Abb. 9: GMP-Theorie nach SCHMIDT*

Den zweiten Pfeiler der Theorie von SCHMIDT bildet das Konzept des Schemas. Danach werden ab der zweiten Durchführung eines GMP zwei Strukturen im motorischen Gedächtnis aktiviert: das Recall-Schema und das Recognition-Schema.
Das **Recall-Schema** (Wiedergabeschema, Erinnerungsschema) ermöglicht die Auswahl der geeigneten Parameter für ein gewünschtes Bewegungsergebnis. Um dies zu gewährleisten, enthält es Informationen zu den Ausgangsbedingungen, zu den dazu passenden Parame-

tereinstellungen und zu dem unter den gegebenen Voraussetzungen erzielbaren Bewegungsergebnis. Beispielsweise enthält ein Recall-Schema für eine Wurfbewegung zusätzlich zum GMP für die Bewegungsklasse Werfen also auch Informationen zu Ballgröße, Wurfstärke, Wind, Zielgenauigkeit usw. und zu deren Auswirkungen auf die gesamte Bewegung. Je geübter die Werferin bzw. der Werfer nun ist, desto mehr Bewegungsvarianten kennt sie bzw. er und desto unberechenbarer, genauer oder härter kann sie bzw. er mit den unterschiedlichsten Bällen werfen.

Das **Recognition-Schema** (Wiedererkennungsschema) beinhaltet insbesondere Informationen zu den sensorischen Konsequenzen, die abhängig von den jeweiligen Ausgangsbedingungen zu erwarten sind. Charakteristisch für dieses Schema ist also die Bewegungskontrolle, die während und nach einer Bewegung erfolgt und die es erlaubt, die sensorischen Konsequenzen bei einer erneuten Durchführung einer Bewegung vorzufühlen.

Die Schema-Theorie beinhaltet demnach zwei Instanzen, die eine für die Auslösung einer Bewegung, die andere für deren Bewertung. Als mögliche Fehlerquellen, die zu einer falschen oder schlechten Bewegung führen, können daher die Auswahl oder die Ausführung des Programms gelten.

## 5.2 Systemdynamischer Ansatz

Bei Modellen mit systemdynamischem Ansatz wird die Bewegung ganzheitlich als Auseinandersetzung mit der Umwelt und den sozialen Faktoren des Menschen betrachtet. Kontrolle und Steuerung der Bewegungen sind demnach Ergebnis der Interaktion zwischen Körper und Umwelt. Bei den Modellen mit systemdynamischem Ansatz gibt es im Unterschied zu den Modellen mit informationstheoretischem Ansatz keine gespeicherten und zentral regulierten oder kontrollierten Bewegungen.

GIBSON betont in seinem **ökologischen Aktionsmodell** den Aspekt der Umwelt, indem er die Informationen, die über die Wahrnehmung aufgenommen werden, und nicht das Gehirn als den zentralen Teil bei der Kontrolle und Steuerung einer Bewegung ansieht. D. h., es ist entscheidend, wie die Dinge vom Einzelnen wahrgenommen werden, und nicht, welche physikalische Rolle sie haben.

Der ökologische Ansatz mag wenig konkret erscheinen, dennoch erlaubt er, einige sinnvolle Schlüsse für den motorischen Lernprozess zu ziehen (nach FIKUS):

- Beim Bewegungslernen sollen ganzheitliche Anweisungen gegeben werden, die vor allem die Wahrnehmungsprozesse betreffen. So könnte die Instruktion für die Streckung beim Kraulschwimmen zu Beginn des Zuges lauten: „Stell dir vor, du müsstest den höchsten Punkt an der Wand berühren, den du ohne zu springen erreichen kannst."
- Das intrinsische Feedback soll immer wieder bewusst wahrgenommen und von der Trainerin bzw. dem Trainer eingefordert werden, damit dessen Qualität steigt.
- Das isolierte Einstudieren von bestimmten Bewegungen und der Vergleich mit scheinbar idealen Bewegungen sollen in den Hintergrund treten. Vielmehr soll mehr Wert auf spielnahe und variable Übungssituationen gelegt werden.
- Von der Trainerin bzw. dem Trainer wird große Empathie verlangt: Je besser ihre bzw. seine Fähigkeit ist, sich in die Welt der Übenden hineinzudenken, desto angemessener werden ihre bzw. seine Anweisungen und Korrekturen sein.

# Sportbiologie

In der Sportbiologie geht es in erster Linie um die Wechselwirkungen von Sport und menschlichem Organismus. Im Zentrum stehen also die Voraussetzungen für sportliche Leistungen und die Anpassungserscheinungen, zu denen es infolge sportlichen Trainings kommt.

Die beiden großen Teilbereiche, die für die Sportbiologie eine besondere Rolle spielen, sind die Anatomie und die Physiologie.

- Die **Anatomie** ist die Lehre vom Bau der Organismen. Dabei kann zwischen der makroskopischen Anatomie, die sich mit den Strukturen befasst, die mit dem bloßen Auge erkennbar sind, und der mikroskopischen Anatomie (Histologie) unterschieden werden, die sich mit dem Feinbau von Organen, Geweben und Zellen beschäftigt.
- Die **Physiologie** ist die Lehre von den physikalischen und biochemischen Vorgängen im lebenden Organismus. In ihren Bereich fällt unter anderem die Beschäftigung mit dem Energiestoffwechsel (siehe S. 73 ff.) und mit der Hormonregulation (siehe S. 70 ff.).

## 6 Haltungs- und Bewegungsapparat

Beim Haltungs- und Bewegungsapparat wird zwischen einem aktiven und einem passiven Teil unterschieden:

- Die Strukturen des **aktiven Bewegungsapparats** tragen aktiv zur Ausführung von Bewegungen bei. Dazu zählen Muskeln, Sehnen und Faszien.
- Der **passive Haltungs- und Bewegungsapparat** wird von den Strukturen gebildet, die durch die Komponenten des aktiven Bewegungsapparats bewegt werden. Das sind in erster Linie Knochen, Gelenke, Bänder, Knorpel und Bandscheiben.

Bänder, Sehnen und Knorpel, aber auch Muskeln und Knochen enthalten **Bindegewebe**, das somit eine zentrale Rolle im Körper spielt. Das Bindegewebe wird neben einem geringen Anteil an Zellen vor allem aus zwei Fasertypen gebildet, den Kollagenfasern und den elastischen Fasern.

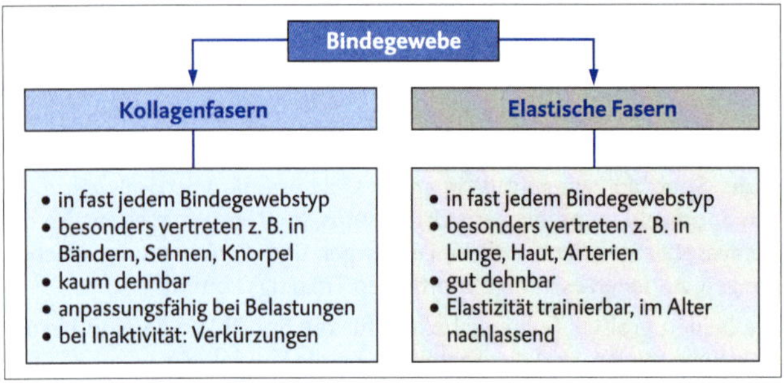


*Abb. 10: Merkmale der Kollagenfasern und der elastischen Fasern*

## 6.1 Muskeln

Die rund 650 Muskeln des menschlichen Körpers sind die für eine Bewegung notwendigen kontraktilen Elemente.

### Muskeltypen

Prinzipiell werden drei Muskeltypen unterschieden:

- Die **quergestreifte Muskulatur** trägt ihren Namen aufgrund der unter dem Mikroskop erkennbaren Querstreifung der Muskelfasern. Diese ergibt sich durch die hintereinanderliegenden Sarkomere mit den darin enthaltenen Aktin- und Myosinfilamenten (siehe S. 31).
  - Zur quergestreiften Muskulatur zählt die **Skelettmuskulatur**, die bewusst (willkürlich) angesteuert werden kann. Sie ist über Sehnen oder Faszien mit den Knochen verbunden und dient der Bewegungsausführung.
  - Auch die **Herzmuskulatur**, die einen Großteil der Wand des Herzens (siehe S. 56) bildet, wird zur quergestreiften Muskulatur gerechnet. Das Herz besitzt ein eigenes Erregungsbildungs- und Erregungsleitsystem (siehe S. 58) und kann im Normalfall nicht willkürlich angesteuert werden.
- Auch im Fall der **glatten Muskulatur** ist keine bewusste Steuerung möglich. Sie findet sich beispielsweise in den Wänden mancher Blutgefäße, des Darms und der Atemwege.

Skelettmuskeln können mehrere Ursprungspunkte (Köpfe) an den Knochen haben, was sich in ihrem Namen widerspiegelt. So hat der Wadenmuskel (*M. triceps surae*; lateinisch: Vorsilbe *tri-* = drei-; *caput* = Kopf) beispielsweise drei Köpfe, der Oberschenkelstrecker vier (*M. quadriceps femoris*).

Außerdem unterscheiden sich die Muskeln in der Anzahl der Gelenke (siehe S. 39 ff.), die sie übergreifen: Während z. B. der Armbeuger (*M. biceps brachii*) ein einziges Gelenk bewegt, hat die ischiocrurale Muskulatur auf der Oberschenkelrückseite gleichzeitig für die Hüfte eine streckende und für das Knie eine beugende Funktion.

### Aufbau der Skelettmuskulatur

Alle Skelettmuskeln zeichnet der gleiche grundlegende Aufbau aus:

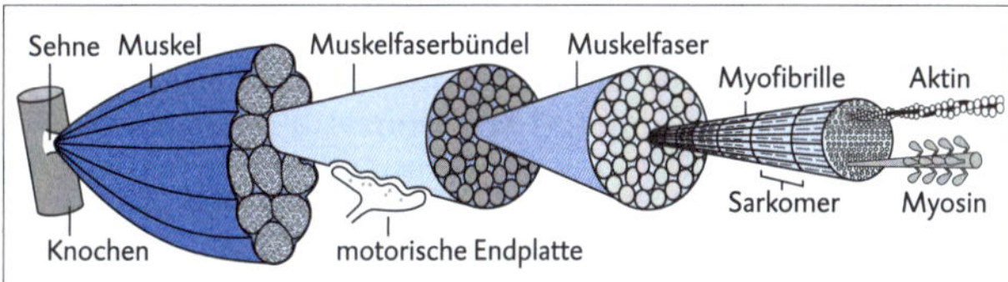


*Abb. 11: Aufbau eines typischen Skelettmuskels*

Skelettmuskeln sind von einer Bindegewebshülle (Faszie) umgeben. Die einzelnen **Muskelfaserbündel** innerhalb des Muskels, die jeweils aus zahlreichen **Muskelfasern** bestehen, sind wiederum von Bindegewebe umhüllt. Die Muskelfasern setzen sich aus den parallel verlaufenden **Muskelfibrillen (Myofibrillen)** zusammen, deren Grundeinheit die hintereinander angeordneten **Sarkomere** sind. Versorgt wird der Muskel durch Blutgefäße und Nerven.

Durch unphysiologische Belastungen kann es zu Verletzungen des Muskelgewebes kommen (siehe S. 47 ff.).

### Kontraktion der Skelettmuskulatur

Die kinematischen (von außen erkennbaren) Bewegungsmerkmale ergeben sich aus der **Kontraktion** der Muskeln.

Die eigentliche Muskelkontraktion findet in den Sarkomeren statt (Aufbau siehe Abb. 12, S. 32), die von jeweils zwei **Z-Membranen (Z-Scheiben)** begrenzt werden. An diesen Z-Membranen sind zum einen die dünnen **Aktinfilamente** verankert, zum anderen – über elastische **Titinfilamente** – die dickeren **Myosinfilamente**.

Die Erregung, die letztendlich zur Auslösung einer Kontraktion führt, hat ihren Ursprung im zentralen Nervensystem (siehe S. 64). Von dort wird sie in Form von **Aktionspotenzialen** (elektrische Signale) über **efferente Nervenbahnen** zum Muskel geleitet, während gleichzeitig über **afferente Nervenbahnen** Signale der Endorgane zum zentralen Nervensystem zurückkehren (Näheres siehe S. 65 f.).

Die Erregungsübertragung (Signalübertragung) vom Nerv auf den Muskel erfolgt über die sogenannten **motorischen Einheiten**, die jeweils aus einem (α-)Motoneuron und den von ihm innervierten Muskelfasern bestehen. Je feiner die durchführbaren Bewegungen sein müssen, desto weniger Muskelfasern gehören zu einer motorischen Einheit (siehe auch intramuskuläre Koordination, S. 15 f.). So sind z. B. am Auge nur wenige Muskelfasern (ca. 100–300) von einem α-Motoneuron innerviert, während bei der Beinmuskulatur etwa 2 000 Muskelfasern eingebunden sind.
Die Kontaktstelle zwischen Motoneuron und Muskelfaser, also der Bereich, in dem es innerhalb der motorischen Einheit zur Erregungsübertragung kommt, wird als **motorische Endplatte (neuromuskuläre Synapse)** bezeichnet. Die über das Motoneuron einlaufenden Aktionspotenziale werden dabei mittels Botenstoffen (Transmitter) auf die Muskelfasern übertragen. Zur Übertragung kommt es allerdings nur, wenn die sogenannte **Reizschwelle** überschritten wird (Alles-oder-nichts-Gesetz). Ist dies nicht der Fall (unterschwellige Erregung), bleibt die Kontraktion aus. Je stärker eine überschwellige Erregung ist, desto mehr Muskelfasern werden innerviert. Erreicht ein schwach überschwelliges Signal den Muskel, werden nur wenige Fasern aktiviert, was dazu führt, dass die Bewegung zwar langsam ist, dafür aber länger durchgeführt werden kann. Ist das Signal dagegen stark oder gar maximal, ist die Bewegung explosiv, führt aber auch schneller zur Ermüdung.
Je trainierter ein Sportler ist, desto besser ist seine willkürliche Aktivierungsfähigkeit, d. h. die Rekrutierung der motorischen Einheiten und somit die Kontraktionsgeschwindigkeit der Muskulatur. Eine optimale Bewegungskoordination ermöglicht es, die Zahl der gleichzeitig aktivierten motorischen Einheiten zu erhöhen, wodurch Kraft und Schnelligkeit gesteigert werden können.

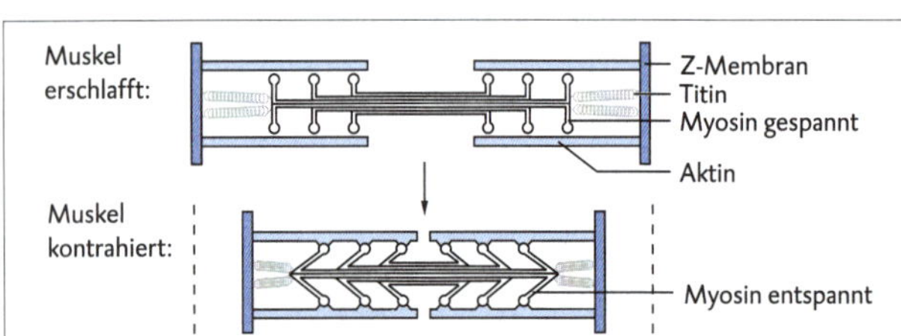


*Abb. 12: Schematischer Aufbau eines Sarkomers und Mechanismus der Kontraktion*

Im entspannten Zustand (erschlaffter Muskel) liegen die Sarkomere in gestreckter Form vor. Die Myosinköpfchen haben ATP-Energie (siehe S. 74) gespeichert und sind dadurch in gespannter Stellung. Die Erregungsübertragung (überschwellig) auf die Muskelfaser bewirkt die Ausschüttung von Kalziumionen, was die Freigabe der reaktiven Regionen des Aktins zur Folge hat. Dadurch können die Myosinköpfchen mit dem Aktin in Kontakt treten und an es binden. Unter Abgabe der gespeicherten Energie klappen die Myosinfilamente um, wodurch die Aktinfilamente und mit ihnen die Z-Membranen zur Sarkomermitte gezogen werden. Daraus ergibt sich eine Verkürzung des gesamten Sarkomers. Das Titin stabilisiert die kontraktilen Filamente und sorgt durch seine Elastizität dafür, dass der Muskel zu seiner entspannten Lage zurückkehren kann, sobald keine Aktionspotenziale mehr einlaufen und die Myosinköpfe wieder ihre gespannte Stellung einnehmen. Die beschriebene Verkürzung der Muskelfaser wird als **Gleit-Filament-Mechanismus** bezeichnet.

Neben willkürlichen Kontraktionen der Skelettmuskulatur kann es auch zu unwillkürlichen kommen, den sogenannten **Reflexen** (siehe S. 67 f.).

### Muskelfasertypen

Wie schnell sich ein Muskel zusammenziehen kann, hängt wesentlich vom **Muskelfasertyp** ab. Der menschliche Skelettmuskel enthält zwei solche Fasertypen, die **ST-Fasern** (Slow-Twitch-Fasern; auch: Typ-I-Fasern) und die **FT-Fasern** (Fast-Twitch-Fasern; auch: Typ-II-Fasern), wobei letztere ihrerseits in unterschiedlichen Ausprägungen auftreten. Die Unterteilung der beiden Hauptfasertypen erfolgt nach verschiedenen Charakteristika, aus denen sich unterschiedliche spezifische Leistungsfähigkeiten ergeben. In der nachfolgenden Übersicht sind typische Unterscheidungskriterien zusammengestellt.

| | ST-Fasern | FT-Fasern |
|---|---|---|
| Kontraktionsgeschwindigkeit | niedrig | hoch |
| Kontraktionsdauer | lang | kurz |
| Kraftentfaltung | gering | hoch |
| Ermüdungsresistenz | hoch | gering |
| Querschnitt | klein | groß |
| Kapillarisierung | stark | gering |

| Myoglobingehalt (siehe S. 59) | hoch ⇒ rote Faserfarbe | gering ⇒ weiße Faserfarbe |
|---|---|---|
| Mitochondrien | viele | wenige |
| Energiebereitstellung | hauptsächlich oxidativer (aerober) Stoffwechsel (siehe S. 75 ff.) | hauptsächlich glykolytischer (anaerober) Stoffwechsel (siehe S. 73 f.) |
| Innervation | • Innervation durch kleine $\alpha$-Motoneuronen mit geringem Axondurchmesser und geringer Leitungsgeschwindigkeit<br>• wenige motorische Endplatten<br>• niedrige Reizschwelle | • Innervation durch große $\alpha$-Motoneuronen mit großem Axondurchmesser und hoher Leitungsgeschwindigkeit<br>• viele motorische Endplatten<br>• hohe Reizschwelle |
| | ⇓ Ausdauerbereich | ⇓ Schnelligkeitsbereich |

*Tab. 3: ST-Fasern vs. FT-Fasern*

Jeder menschliche Skelettmuskel enthält sowohl ST- als auch FT-Fasern, wenngleich je nach Muskel der eine oder der andere Fasertyp dominieren kann. So enthält z. B. der Bauchmuskel, der vornehmlich Haltearbeit zu leisten hat (tonisch arbeitend), überwiegend ST-Fasern, während sich in der Wadenmuskulatur (phasisch arbeitend) vorwiegend der schnellzuckende Typ findet. Dies ist ein Grund dafür, dass man hier stark zu Krämpfen (siehe S. 49) neigt.
Untersuchungen haben gezeigt, dass die Muskulatur sportartspezifisch spezialisiert ist. So weisen gut trainierte Ausdauersportler (z. B. Langstreckenläufer, Radsportler) einen wesentlich höheren Prozentsatz an ST-Fasern auf als Untrainierte. Während aber FT-Fasern durch Training relativ leicht in ST-Fasern umgewandelt werden können, ist dies umgekehrt nur sehr bedingt möglich. Folglich ist die Verteilung der Fasertypen, die eine oft entscheidende Voraussetzung für das Erreichen von Spitzenleistungen ist, in hohem Maße erblich bedingt, und es gilt die Feststellung „Zum Sprinter muss man geboren sein".

### Effekt von Training auf die Skelettmuskulatur

**Training** hat unterschiedliche Auswirkungen auf die Muskulatur:

- Durch **Krafttraining** (siehe S. 108 ff.) kommt es zu einer Querschnittszunahme, einer Verbesserung der Koordination (sowohl intra- als auch intermuskulär) und einer Erhöhung der anaeroben Stoffwechselkapazität.

- Durch **Ausdauertraining** (siehe S. 97 ff.) kommt es zu einer Querschnittsabnahme sowie zu einer Verbesserung der Durchblutung (Kapillarisierung), die zur Folge hat, dass der Muskel effektiver mit Sauerstoff und Nährstoffen versorgt wird und Stoffwechselendprodukte schneller abtransportiert werden. Außerdem wird der aerobe Stoffwechsel aktiviert.

## 6.2 Bänder und Sehnen

Während **Bänder** Knochen miteinander verbinden, bilden **Sehnen** die Verknüpfung zwischen Muskeln und Knochen. Gemeinsam ist beiden Strukturen, dass sie hauptsächlich aus Kollagenfasern (siehe S. 29 f.) bestehen.

### Bänder

Die Bänder stabilisieren die Knochen-Knochen-Verbindungen und damit das gesamte Skelett. Darüber hinaus sorgen sie durch ihre wenig elastische Struktur dafür, dass die Beweglichkeit der Gelenke (siehe S. 39 ff.) auf ein sinnvolles Maß beschränkt wird (Bandführung, siehe S. 40). Dadurch wird im Normalfall verhindert, dass es zur Überdehnung der Skelettmuskulatur und der Gelenke kommt. Allerdings sind die Bänder durch ihre geringe Dehnbarkeit relativ verletzungsanfällig (siehe S. 52).

### Sehnen

Sehnen bestehen hauptsächlich aus vielen parallel verlaufenden Kollagenfasern, die von einer Sehnenhaut umgeben sind. Lange Sehnen, vor allem solche, die über Gelenke laufen, sind manchmal zusätzlich von einer Sehnenscheide umhüllt, die der Führung dient und die Reibung reduziert. Der Gleitspalt ist mit einer speziellen Flüssigkeit (Synovia) gefüllt. Sehnen sind kaum durchblutet und werden hauptsächlich durch Diffusion mit Nährstoffen versorgt, was ihre Anpassung an Belastungen verzögert.
Ihre **Adaptation (Anpassung) an Trainingsbelastungen** besteht in einer verbesserten Durchblutung und damit Nährstoffversorgung und in einer Querschnittszunahme, die eine erhöhte Zug- und Rissfestigkeit bedeutet. Zu starke Belastungen können zu Sehnenverletzungen führen (siehe S. 49 f.).

## 6.3 Knochen

### Aufbau und Adaptation der Knochen

Etwa 200 **Knochen** bilden das **Skelett** des Menschen. Zu den wichtigsten Knochenformen zählen:

- Röhrenknochen (z. B. Oberschenkelknochen, Oberarmknochen, Schienbein)
- platte Knochen (z. B. Schulterblatt, Becken)
- kurze Knochen (z. B. Mittelhandknochen, Mittelfußknochen)

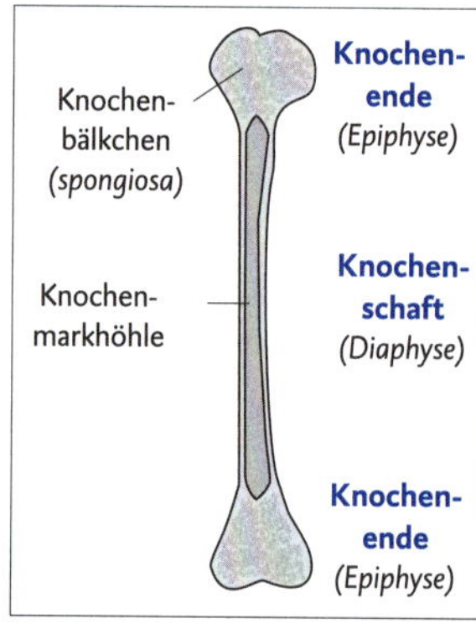

*Abb. 13: Röhrenknochen*

Das gut durchblutete **Knochengewebe** befindet sich im ständigen Auf- und Abbau, daher kann es sich sehr gut sportlichen Belastungen anpassen. Die **Adaptation** erfolgt insbesondere durch Verstärkung der Knochenbälkchen in den Knochenenden und durch Verdickung der Knochenrinde speziell das Knochenschafts. Aber auch die Knochenfortsätze, an denen die Sehnen und Bänder ansetzen, werden verstärkt. So kommt es, dass Knochen mit einem Minimum an Gewicht ein Maximum an Belastungsfähigkeit erreichen. Bewegungsmangel führt zu einem Abbau der Knochensubstanz.

### Knorpel

Die Knochen werden durch **Knorpel** ergänzt, die in hyaline Knorpel, elastische Knorpel und Faserknorpel unterteilt werden.

- Für den Sportler ist der **hyaline Knorpel** von besonderer Bedeutung, da er unter anderem die Gelenkflächen der Knochen überzieht und so in Verbindung mit der Gelenkschmiere (Gelenksflüssigkeit) für reibungslose Gelenkbewegungen sorgt (siehe S. 39 f.). Bei dieser Aufgabe ist er großen Druckbelastungen ausgesetzt, die er dank seiner hohen Druckelastizität gut abfedern kann.

  Als Anpassung an kontinuierliche sinnvolle sportliche Belastung nimmt hyaliner Knorpel durch Wassereinlagerung und Hypertrophie an Dicke zu, sodass er den Belastungen besser widerstehen kann.
- Aus **Faserknorpel** bestehen z. B. Menisken, Disken und Bandscheiben. Er dient dem Ausgleich unterschiedlicher Knochenformen (z. B. flaches Schienbeinplateau und runder Oberschenkelknochen) und der Abfederung der auftretenden Belastungen (Scherkräfte).

- Der **elastische Knorpel**, der z. B. in der Ohrmuschel vorkommt, spielt für den Sport kaum eine Rolle.

### Aufbau und Funktion des Skeletts

Das menschliche Skelett kann in mehrere Abschnitte gegliedert werden:

- **Schädel**
- **Rumpfskelett:** aus Wirbelsäule (siehe unten) und Brustkorb
- **Schultergürtel:** aus Schlüsselbeinen und Schulterblättern
- **obere Extremitäten:** aus Armskelett (Oberarmknochen und Unterarmknochen (Elle und Speiche)) und Handskelett
- **Beckengürtel:** aus Beckenknochen
- **untere Extremitäten:** aus Beinskelett (Oberschenkelknochen und Unterschenkelknochen (Schien- und Wadenbein)) und Fußskelett

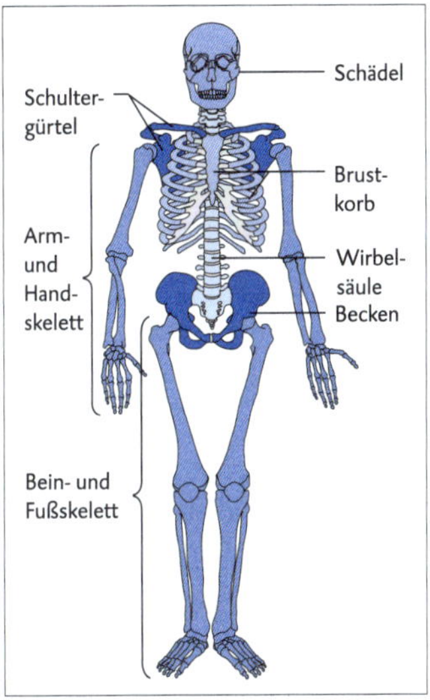


*Abb. 14: Abschnitte des Skeletts*

Das menschliche Skelett erfüllt durch seine charakteristischen Merkmale (Stabilität der Strukturen bei gleichzeitiger Beweglichkeit der Elemente gegeneinander) für den Organismus wesentliche Funktionen:

- **Schutzfunktion:** Die empfindlichen inneren Organe sind durch knöcherne Strukturen vor Krafteinwirkungen von außen gut geschützt (z. B. Herz und Lunge im Brustkorb, Gehirn im Schädel).
- **Stützfunktion:** Das Skelett gibt dem Körper Halt und Stabilität (z. B. Wirbelsäule) und ermöglicht so seine Aufrichtung.
- **Hebelfunktion:** Die Knochen des Skeletts sind über die Gelenke gegeneinander beweglich. Nur dadurch ist die Fortbewegung, aber auch die Verrichtung von Tätigkeiten mit den Händen möglich.

### Die Wirbelsäule

Die Wirbelsäule, das zentrale Element des Rumpfes, besteht aus **Wirbeln (Wirbelknochen)**, die durch Bandscheiben, Bänder und Muskeln

miteinander in Verbindung stehen. Mitten hindurch führt gut geschützt das **Rückenmark** als Teil des zentralen Nervensystems (ZNS, siehe S. 64).
Die Wirbelsäule verläuft nicht gerade, sondern sie ist **doppel-s-förmig** gekrümmt, um Stoßbelastungen, die beispielsweise beim Laufen und Springen auftreten, besser abfangen zu können.

Prinzipiell lässt sich die Wirbelsäule in fünf Abschnitte gliedern:

- Die **Halswirbelsäule** aus 7 freien (nicht verwachsenen) Halswirbeln. In diesem Bereich liegt eine Lordose (Krümmung der Wirbelsäule nach vorne) vor.
- Die **Brustwirbelsäule** aus 12 freien Brustwirbeln. Hier ist eine Kyphose (Krümmung der Wirbelsäule nach hinten) zu erkennen.
- Die **Lendenwirbelsäule** aus 5 freien Lendenwirbeln. Dieser Abschnitt ist nach vorne gekrümmt (Lordose).
- Das **Kreuzbein** *(Os sacrum)* aus 5 miteinander verschmolzenen (verwachsenen) Wirbeln bildet den Übergang zum Becken über das wenig bewegliche Iliosakralgelenk. Hier liegt eine Kyphose vor.
- Das Steißbein aus 4 bis 5 miteinander verschmolzenen Wirbeln.

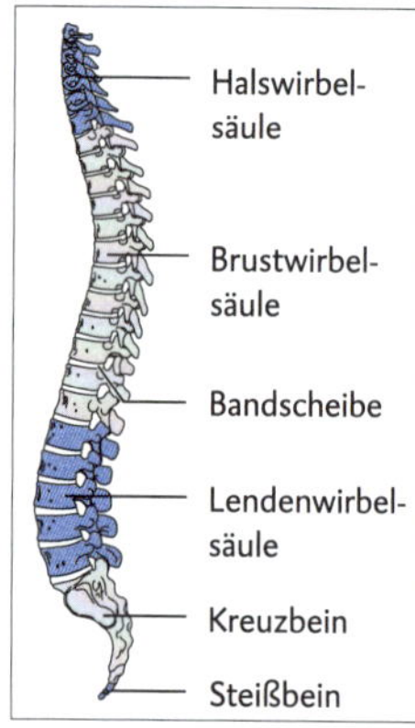


*Abb. 15: Abschnitte der Wirbelsäule*

Die **Beweglichkeit der Wirbelsäule** nimmt von den Halswirbeln bis zum Steißbein ab. Während die Halswirbelsäule noch Drehbewegungen (Rotationen), Seitwärtsneigung sowie Vor- und Rückwärtsneigung (Beugung und Streckung) erlaubt, ist die Beweglichkeit der Brust- und Lendenwirbelsäule bereits stark eingeschränkt. Das Kreuzbein schließlich ist völlig unbeweglich. Diese unterschiedliche Mobilität ist entscheidend für die Funktion der Wirbelsäule: Während der Kopf mit den wichtigen Sinnesorganen einen möglichst großen Bewegungsradius benötigt, steht im unteren Wirbelsäulenbereich die Stabilisierung des Skeletts im Vordergrund.

Die einzelnen Wirbel unterscheiden sich im Wesentlichen in ihrer Größe. Allen gemeinsam ist der massive **Wirbelkörper**. Der Wirbelbogen schließt sich an den Wirbelkörper an und bildet den Wirbelkanal, in dem das Rückenmark verläuft. Hier treten auch die Spinalnerven heraus. Der Wirbelbogen weist außerdem die Gelenkfortsätze auf, die paarig angeordnet sind und die Gelenke zwischen den Wirbeln bilden. Hinzu kommen zwei Querfortsätze, an denen die Muskeln ansetzen, und der nach hinten gerichtete Dornfortsatz, der am Rücken tastbar ist.

Zwischen je zwei Wirbelkörpern befinden sich die **Bandscheiben**. Diese bestehen aus Faserknorpel mit einem Gallertkern, der für Federungseigenschaften der Wirbelsäule hauptverantwortlich ist. Die mit Bewegung einhergehende Durchwalkung der Bandscheiben sorgt für eine gute Nährstoffversorgung des Knorpels. Außerdem bedingt sinnvolles sportliches Training die Kräftigung der Muskel- und Bandstrukturen der Wirbelsäule, was zu einer Erhöhung der Stabilität führt. Daher ist Bewegung bei Rückenproblemen therapeutisch und präventiv wirksam. Durch falsche und einseitige Belastung kann es jedoch auch zur Schädigung der Wirbelsäule kommen (siehe S. 53 f.).

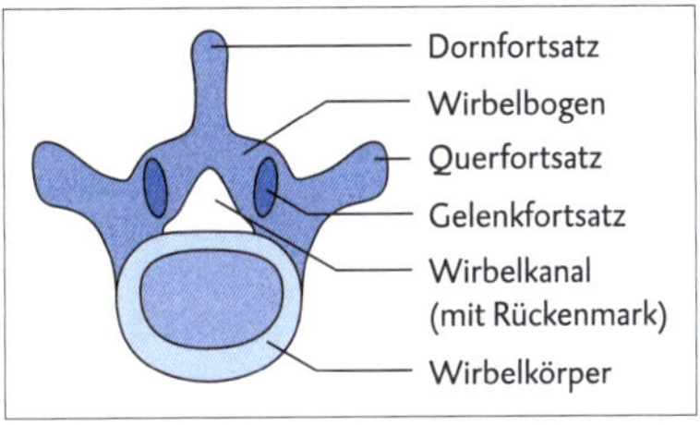


*Abb. 16: Aufbau eines Wirbels (Ansicht von oben)*

Die **Funktionen der Wirbelsäule** sind vielfältig:

- Die Doppel-s-Form der Wirbelsäule und die Bandscheiben ermöglichen die Abfederung von Stößen und schützen dadurch unter anderem das Gehirn vor Erschütterungen.
- Die Stützfunktion der Wirbelsäule ermöglicht die aufrechte Körperhaltung des Menschen.
- Die Wirbelsäule ermöglicht die gute Beweglichkeit des Oberkörpers.
- Die Wirbelsäule schützt das empfindliche Rückenmark, das für die Erregungsleitung unverzichtbar ist, vor Krafteinwirkungen von außen.

## 6.4 Gelenke

### Aufbau der Gelenke

Als Gelenk bezeichnet man eine bewegliche Verbindung zwischen Knochen. Im einfachsten Fall umfasst ein Gelenk zwei Knochen, von denen der eine den **Gelenkkopf** und der andere die **Gelenkpfanne** bildet. Diese sind jeweils mit **Gelenkknorpel** überzogen und liegen aufeinander. Der **Gelenkspalt** dazwischen ist mit **Gelenkschmiere (Synovia)** gefüllt, die für ein reibungsarmes Gleiten der Knorpel sorgt. Das gesamte Gelenk ist von einer Hülle umgeben, der sog. **Gelenkkapsel**.

Zum Gelenk gehören außerdem Sehnenansätze, Muskeln, Bänder und **Zwischenscheiben** (Disken, Menisken). Letztere finden sich nicht in jedem Gelenk und wirken Inkongruenzen zwischen den Knochen entgegen. So dienen z. B. die Menisken im Knie dazu, den runden Oberschenkelknochen und das flache Plateau des Schienbeinkopfes auszugleichen.

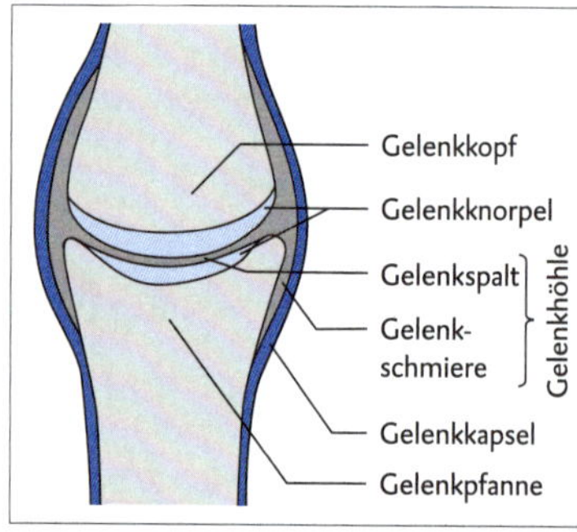


*Abb. 17: Gelenk*

Ein weiterer Bestandteil eines Gelenks sind die eventuell vorhandenen **Schleimbeutel**, die die Reibung von Sehnenansätzen minimieren oder als Puffer wirken. Schleimbeutel sind mit Synovialflüssigkeit gefüllt und sorgen so für eine gleichmäßigere Druckverteilung. Da sie hohen mechanischen Belastungen ausgesetzt sind, insbesondere im Knie und an der Schulter, können sie sich entzünden (siehe S. 52).

Von den (echten) Gelenken unterscheidet man die **unechten Gelenke**. Diese verbinden zwar Knochen miteinander, allerdings ist die Verbindung nicht beweglich.

### Sicherung der Gelenke

Die Gelenksicherung, d. h. der Schutz des Gelenks vor der Einwirkung zu starker Kräfte, kann durch spezielle Ausformungen von Skelettelementen (Knochensicherung, Knochenführung), durch die Verstärkung der Kapsel durch Gelenkbänder (Bandsicherung, Bandführung) oder durch die darüber befindliche Muskulatur (Muskelsicherung, Muskelführung) erfolgen. Das Schultergelenk beispielsweise, das aufgrund seiner Knochenstruktur einen sehr großen Bewegungsspielraum hat, besitzt einen komplexen Stabilisationsapparat aus Kapseln, Muskeln und Sehnen (Rotatorenmanschette; siehe S. 44). Die sichernden Strukturen stabilisieren das Gelenk, schränken aber auch dessen Beweglichkeit ein.

### Gelenktypen

Häufig werden Gelenke nach ihrer Form oder ihrer Bewegung bezeichnet. Dann existieren aber für ein und dasselbe Gelenk unterschiedliche Benennungen, z. B. Zapfengelenk oder Drehgelenk.

Prinzipiell ist es sinnvoller, Gelenke nach ihrer Beweglichkeit um die **Raumachsen** zu differenzieren. Die drei Raumachsen stehen dabei senkrecht aufeinander:

- Sagittalachse (Tiefenachse, verläuft von vorne nach hinten)
- Transversalachse (Breitenachse, liegt quer)
- Longitudinalachse (Längsachse; auch Vertikalachse; verläuft von oben nach unten)

Infolgedessen spannen sich die Sagittal-, die Transversal- und die Frontalebene auf.

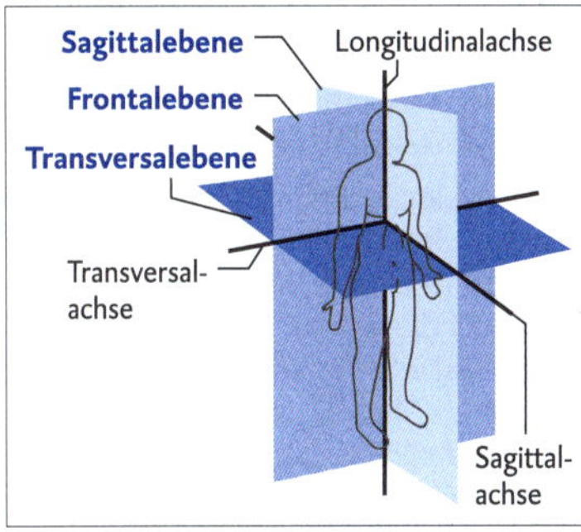

*Abb. 18: Raumachsen und -ebenen*

Das Schultergelenk (siehe auch S. 44; Kugelgelenk) z. B. weist folgende Bewegungsmöglichkeiten auf: In der Sagittalebene kann der Arm nach vorne (Anteversion) und nach hinten (Retroversion) geschwungen werden. Diese Bewegung erfolgt um die Transversalachse. Wenn der Arm seitlich abgespreizt wird (Abduktion) und wieder zum Körper herangeführt wird (Adduktion), erfolgt diese Bewegung in der Frontalebene und um die Sagittalachse. Als dritte Hauptbewegung kann der Arm nach innen oder außen gedreht werden (Pronation und Supination). Dies geschieht in der Frontalebene und um die Longitudinalachse. Komplexere Bewegungen können durch Kombination der Hauptbewegungen um die drei Achsen durchgeführt werden. Armkreisen stellt z. B. eine Bewegungskombination um die Transversal- und die Sagittalachse dar.

Im Körper lassen sich nach der Anzahl der Bewegungsachsen ein-, zwei- oder dreiachsige Gelenke unterscheiden.

- Scharnier- und Zapfengelenke sind **einachsige Gelenke**. Beim Scharniergelenk ist der Gelenkkopf mehr oder weniger walzenförmig und die Gelenkpfanne gekehlt. Derartige Gelenke benötigen eine starke Bänderführung, um seitliche Bewegungen zu verhindern (z. B. Fingergelenke). Auch Zapfengelenke arbeiten nur in einer Achse. Häufig wird die Gelenkpfanne durch Bindegewebe ringförmig ergänzt (z. B. unteres Kopfgelenk).
- Ellipsoid-, Sattel- und Drehwinkelgelenke sind **zweiachsige Gelenke**. Der Gelenkkopf des Ellipsoidgelenks ist eiförmig und sitzt in einer entsprechenden Gelenkpfanne (z. B. oberes Kopfgelenk). Das Sattel-

gelenk erinnert an einen Reitersattel (z. B. Handwurzel-Mittelhand-Gelenk des Daumens). Drehwinkelgelenke lassen eine Winkel- und eine Rotationsbewegung zu. So sind im Kniegelenk (siehe S. 42 f.) außer der Scharnierbewegung in Beugestellung auch Drehbewegungen möglich. Auch das Ellenbogengelenk (siehe S. 46), das aus drei miteinander verbundenen Knochen besteht, wird funktionell zu den Drehwinkelgelenken gerechnet.

- Kugelgelenke sind **dreiachsige Gelenke**, d. h., sie erlauben Bewegungen in alle Richtungen. Sie besitzen einen kugelförmigen Gelenkkopf und eine mehr oder weniger ausgeprägte Gelenkpfanne. Umschließt diese mehr als die Hälfte des Gelenkkopfes wie beim Hüftgelenk (siehe S. 45), sodass die Beweglichkeit durch die gut ausgeprägte Knochenführung stark eingeschränkt ist, spricht man von einem Nussgelenk. Im Gegensatz dazu ist die Gelenkpfanne beim Schultergelenk (siehe S. 44) sehr wenig ausgeprägt und die Beweglichkeit des Gelenks groß, weshalb hier die Muskulatur und deren Sehnen die Gelenkstabilisierung übernehmen müssen (Muskelsicherung).

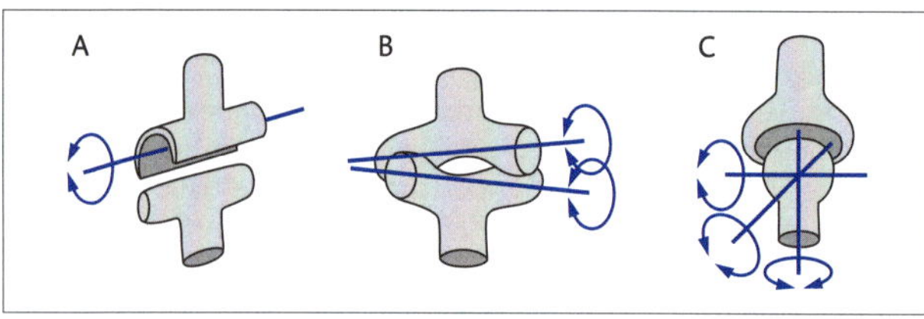


*Abb. 19: A: Scharniergelenk als Beispiel für ein einachsiges Gelenk; B: Sattelgelenk als Beispiel für ein zweiachsiges Gelenk; C: Kugelgelenk als Beispiel für ein dreiachsiges Gelenk*

Die Beweglichkeit aller Gelenke lässt sich durch entsprechendes **Training** steigern (siehe Beweglichkeitstraining, S. 113 ff.). Dabei vergrößern sich die überknorpelten Berührungsflächen, die Gelenkkapseln werden weiter und die Bänder länger. Werden Gelenke zu selten beansprucht, verkürzen sich die Bänder und die Kapseln werden enger. Bei dauerhafter Ruhigstellung kann es sogar vorkommen, dass der Gelenkspalt überwuchert wird und das Gelenk vollständig versteift. Werden Gelenke fehlbelastet, können Verletzungen auftreten (siehe S. 51).

### Wichtige Gelenke des Menschen

- **Kniegelenk:** Das Knie ist das größte Gelenk des Körpers und wird vom Schienbein, vom Oberschenkelknochen und von der Kniescheibe (Diskus) gebildet. Das Wadenbein ist hingegen nicht an der Gelenkbildung beteiligt. Das Kniegelenk ist ein **Drehscharniergelenk** (auch: **Drehwinkelgelenk**; Scharnierbewegung und in gebeugtem Zustand Drehbewegung), das aus zwei **Teilgelenken**, dem Kniescheibengelenk (zwischen Oberschenkelknochen und Kniescheibe) und dem Kniekehlengelenk (zwischen Oberschenkelknochen und Schienbein), besteht.

Da das Knie eines der am stärksten beanspruchten Gelenke ist, ist es gut gesichert: Während der Oberschenkelknochen am unteren Ende zwei Rundungen (Condylen) aufweist, ist das obere Ende des Schienbeins relativ eben (Tibiaplateau). Diese unterschiedlichen Gelenkflächen gleichen die aus Faserknorpel bestehenden halbmondförmigen **Menisken** aus, die außerdem der Stoßabsorption dienen. Mittig im Knie verlaufen zwei Bänder, die es im gebeugten Zustand stabilisieren. Nach ihrem sich überkreuzenden Verlauf werden sie Kreuzbänder genannt. Zusätzliche Bänder außen und innen (Seitenbänder: Außenband und Innenband) stabilisieren das Knie im gestreckten Zustand und verhindern eine Überstreckung sowie eine Rotationsbewegung. Daneben wird das Kniegelenk durch eine kräftige Gelenkkapsel sowie starke Sehnen und Muskulatur stabilisiert. Vor zu großer Beanspruchung sind die Sehnen durch Schleimbeutel geschützt.

Vorne am Knie liegt die Kniescheibe. Sie ist in die Sehne des Beinhauptstreckermuskels eingelagert und dient vor allem dazu, den Hebel und somit die Muskelkraft zu vergrößern. Auf der Rückseite der Kniescheibe befindet sich eine Art Zahn, der in einer Rinne des Oberschenkelknochens auf- und abgleitet. In diesem Kniescheibengelenk treten die höchsten Kräfte im Körper auf (bis zu 2000 kp).

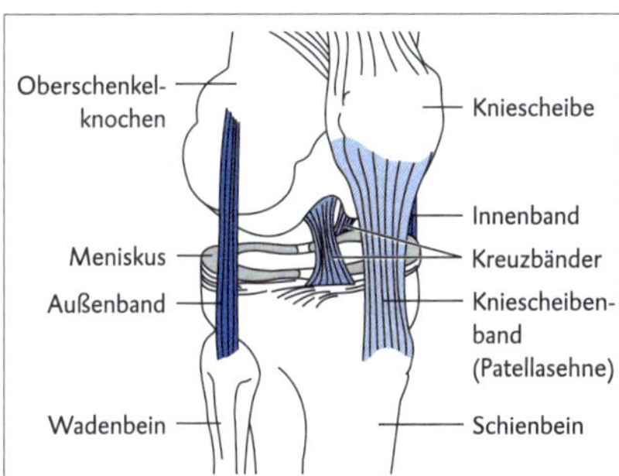


*Abb. 20: Das Kniegelenk*

Trotz der aufwendigen Sicherung des Kniegelenks kommt es im Sport relativ häufig zu Knieverletzungen (siehe S. 50 ff.).

- **Schultergelenk:** Dieses **Kugelgelenk**, das von Schulterblatt und Oberarmknochen gebildet wird, ist das beweglichste Gelenk des Körpers (siehe auch S. 42). Am dreieckigen Schulterblatt befindet sich die sehr flache Gelenkpfanne, an die der halbkugelförmige Kopf des Oberarmknochens (anders als beispielsweise der Oberschenkelknochen in der Hüftpfanne) mehr angelegt als fixiert ist (schwache Knochenführung). Nur ein einziges Band verbindet Schulterblatt und Oberarmknochen. Daher muss die Gelenksicherung durch die Muskulatur und deren Sehnen erfolgen, die dieses Gelenk mantelförmig umgeben **(Rotatorenmanschette)**. Für die extreme Beweglichkeit des Schultergelenks sorgt auch, dass das Schulterblatt unterstützend arbeitet: Beispielsweise macht es dessen Drehung beim seitlichen Anheben (Elevation) erst möglich, dass der Arm über die Waagerechte hinaus gehoben werden kann. Das Schulterblatt ist nur über das Schlüsselbein mit dem Rumpfskelett verbunden. Da das Schultergelenk recht labil ist, kann es leicht luxiert werden und es kann zu Schädigungen der sichernden Muskeln und Sehnen kommen (siehe S. 49 f.).

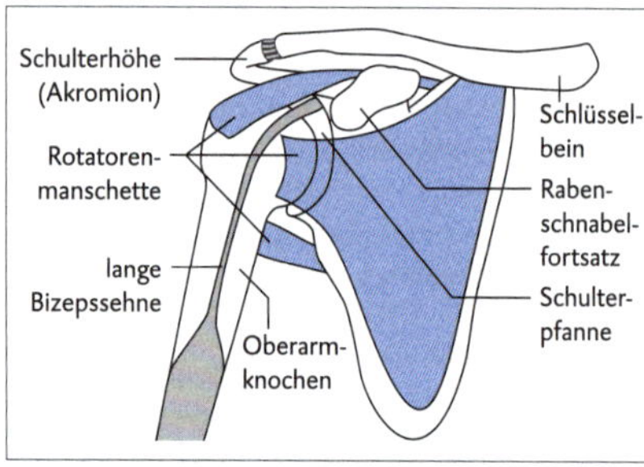


*Abb. 21: Das Schultergelenk*

- **Sprunggelenk:** Auf das Sprunggelenk wirken bei der Fortbewegung große Kräfte, weshalb es durch einen starken Bänderapparat gesichert ist. Funktionell handelt es sich um ein **Zylindergelenk**, das sich aus zwei **Teilgelenken** zusammensetzt, dem oberen und dem unteren Sprunggelenk.
  Das Schienbein bildet den inneren, das Wadenbein den äußeren Knöchel. Innerer und äußerer Knöchel zusammen werden als Malleolengabel bezeichnet. Diese wird durch die kräftigen **Syndesmosebänder** zusammengehalten.
  Das **obere Sprunggelenk** wird von der Malleolengabel und dem Sprungbein gebildet und ist funktionell ein Scharniergelenk. Es ermöglicht das Heben (Dorsalflexion) und Senken (Plantarflexion) der Fußspitze. Das obere Sprunggelenk ist innen durch einen kräftigen,

fächerförmigen Bandapparat gesichert. Am äußeren Knöchel verbinden drei Bänder das Wadenbein mit dem Sprungbein bzw. dem Fersenbein (Außenbänder). Hier kann eine der häufigsten Sportverletzungen überhaupt entstehen, der Bänderriss (siehe S. 52).

Das **untere Sprunggelenk** wird aus zwei Einzelgelenken (vorderes und hinteres unteres Sprunggelenk) zwischen Sprungbein, Fersenbein und Kahnbein gebildet, die funktionell zusammenwirken. Das untere Sprunggelenk ist ein Drehgelenk und es verläuft schräg. Es ermöglicht somit eine Pronation (Innenrotation: Fußsohle zeigt nach außen) und eine Supination des Fußes (Außenrotation: Fußsohle zeigt nach innen).

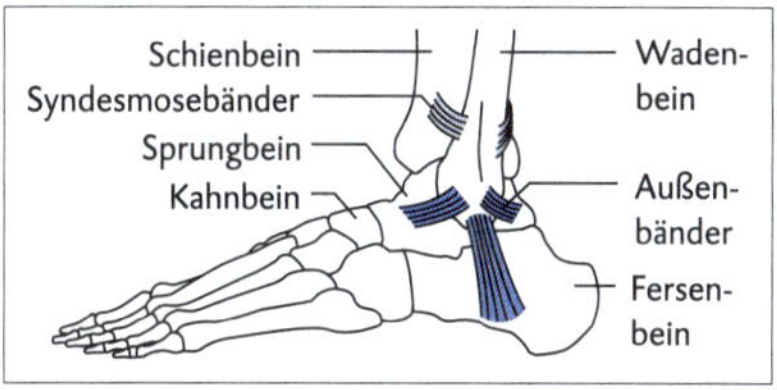

*Abb. 22: Das Sprunggelenk*

- **Hüftgelenk:** Das Hüftgelenk erlaubt als **Kugelgelenk (Nussgelenk)** die Bewegung der Beine in allen drei Raumebenen und muss darüber hinaus den Oberkörper stützen und ausbalancieren – beim Gehen oder Laufen auch auf einem Bein. Aufgrund dieser wichtigen und anspruchsvollen Aufgaben ist das Hüftgelenk stark gesichert, was jedoch zu Lasten der Beweglichkeit geht. Folglich ist es wesentlich unbeweglicher als das Kugelgelenk der Schulter.
  Den Kopf des Hüftgelenks bildet der Oberschenkelknochen, die Hüfte bildet die Pfanne. Dabei umschließt die Hüftpfanne fast die Hälfte des Oberschenkelkopfes und eine faserknorpelige Gelenklippe reicht bis über dessen Äquator hinaus. Außerdem sichern die starke Gelenkkapsel und ein starker Bandapparat das Gelenk. Auch die hüftumgreifende Muskulatur ist kräftig ausgeprägt.
  Als kräftigster Hüftbeuger dient der Hüftlendenmuskel. Er bringt das Bein nach vorne, weshalb Fußballer durch die Schussbewegung häufig Opfer entsprechender Reizungen sind. Viel öfter aber sind sportlich inaktive Menschen von dessen Verkürzung und den damit einhergehenden Schmerzen durch den erhöhten Zug in der Lendenwirbelsäule betroffen, da Sitzen einer Verkürzung dieses Muskels Vorschub leistet.
  Durch andauernde Fehlbelastung des Hüftgelenks kann es zu Hüftgelenksarthrose (siehe S. 51) kommen.

- **Ell(en)bogengelenk:** Der Oberarm bildet zusammen mit den beiden Unterarmknochen Elle und Speiche das Ellenbogengelenk. Es handelt sich funktionell um ein **Drehwinkelgelenk** (auch: Drehscharniergelenk; Scharnierbewegung und Drehbewegung), das aus drei **Teilgelenken** besteht: dem Oberarm-Ellen-Gelenk (Scharniergelenk), dem Oberarm-Speichen-Gelenk (Drehwinkelgelenk) und dem Ellen-Speichen-Gelenk (Drehgelenk). Die Teilgelenke sind von einer gemeinsamen Gelenkkapsel umschlossen. Das Ellenbogengelenk ist hauptsächlich knochen- und bandgeführt.
  Auf das Ellenbogengelenk wirken Beuge- und Streckmuskeln. Die Beuger überwiegen, da sie im Alltag häufiger eingesetzt werden, weshalb der Arm in der Ruhestellung stets leicht gebeugt ist. Als Armstrecker fungiert der M. *triceps brachii*, gebeugt wird der Arm von drei Muskeln, von denen der M. *biceps brachii* der bekannteste ist.
  Das Ellenbogengelenk kann von zahlreichen Erkrankungen und Verletzungen betroffen sein (siehe S. 49 und 53).

- **Gelenke der Hand:** Die Hand wird anatomisch dreigeteilt in die Handwurzel, die Mittelhand und die Finger. Die Handwurzel, die zusammen mit der Speiche das **Handgelenk** bildet, besteht aus 8 Knochen, die in zwei Reihen angeordnet sind, wodurch sich genau genommen zwei Handgelenke ergeben: eines zwischen den proximalen (der Körpermitte näheren) Handwurzelknochen (Eigelenk) und der Speiche und ein weiteres zwischen den proximalen und den distalen (von der Körpermitte weiter entfernten) Handwurzelknochen (Scharniergelenk). Sie erlauben eine kreiselförmige Bewegung der Hand.
  Die Handgelenkknochen sind fest mit einem Bandapparat gesichert und bilden eine Art Tunnel (Karpaltunnel), durch den die Sehnen der Fingerbeuger ziehen. So entsteht die gewölbeartige Konstruktion der Handfläche, die federnd nachgeben kann. Dieser Effekt wird beispielsweise beim Pritschen des Volleyballs ausgenutzt.

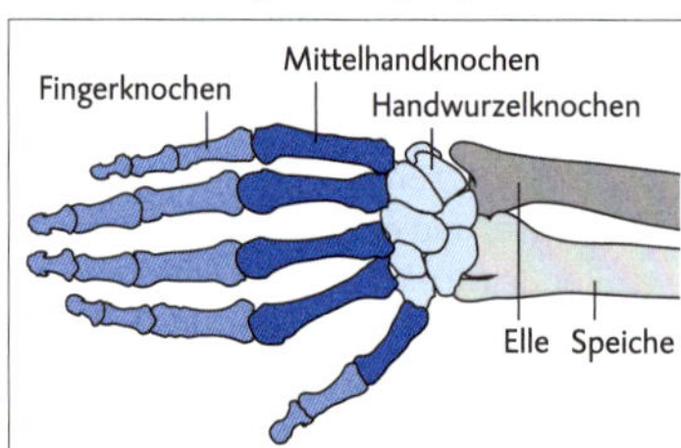

*Abb. 23: Die Knochen der Hand*

  Bis auf das Sattelgelenk des Daumens sind alle **Fingergelenke** einfache Scharniergelenke.
  Auch in Verbindung mit den Gelenken der Hand können einige Verletzungen und Erkrankungen auftreten (siehe S. 49 und 53).

# 7 Sportverletzungen und -schäden des Bewegungsapparats

**Sportverletzungen** entstehen durch eine einmalige Gewalteinwirkung (Krafteinwirkung), die zur Unterbrechung des dynamischen Bewegungsablaufs führt.

Gründe dafür können z. B. ungenügende Vorbereitung, schlechte Technik, Überlastung, Erschöpfung, ungünstige Bodenverhältnisse, Regelmissachtung, schlechte Ausführung oder klimatische Einflüsse sein.

**Sportschäden** sind die Folge von chronisch einwirkenden Überlastungen oder Mikrotraumata.

Als Ursachen finden sich unter anderem hohe Belastung, ungünstige Bedingungen, unphysiologische Bewegungsabläufe oder verminderte Belastbarkeit. So kann es zu einem Missverhältnis zwischen Belastbarkeit und Belastungsintensität sowie zu Dysfunktionen des Haltungs- und Bewegungsapparates kommen. Sportschäden treten häufig auch infolge von Sportverletzungen auf, sodass im konkreten Fall die Unterscheidung nicht immer gelingt.

## 7.1 Verletzungen und Schäden der Muskulatur

### Muskelverletzungen

Muskelverletzungen sind die häufigsten Verletzungen beim Sport. Ursache können z. B. fehlerhaftes Aufwärmen oder Gegnereinwirkungen sein. Die Verletzungen unterscheiden sich sehr stark hinsichtlich ihrer Schwere.

| Direkte Gewalteinwirkung | Indirekte Gewalteinwirkung |
|---|---|
| Schlag gegen Muskulatur ⇒ Kontusion: Quetschung, Prellung | starke Beschleunigungen, Anschlagskontraktionen oder konzentrische Belastungen ⇒ Muskelzerrungen, Muskelfaserrisse, Muskelrisse |

*Tab. 4: Muskelverletzungen durch Gewalteinwirkung*

- Bei einer **Muskelzerrung** handelt es sich um eine unphysiologische Muskeldehnung, ohne dass Muskelfasern reißen. Als Primärversorgung sollte nach dem Schema **PECH** (auch: **PECH-Regel**; Pause – Eis – Compression – Hochlagern) vorgegangen werden.
- Ein **Muskelfaserriss** macht sich zumeist durch einen messerstichartigen Schmerz bemerkbar und es bildet sich ein nach außen gut erkennbarer Bluterguss (Hämatom). Auch hier erfolgt die Erstversorgung nach dem Schema PECH. Nach Abheilung kommt es zu einer Narbenbildung. Der geschädigte Muskel sollte nicht zu früh belastet und immer wieder, auch nach ersten Belastungen, massiert werden, um Verklebungen zu vermeiden.
- **Muskelrisse** sind sehr schmerzhaft und haben ein größeres Ausmaß als Muskelfaserrisse. Der Muskel ist fühlbar unterbrochen und muss auf jeden Fall operiert werden, wenn größere Muskelanteile betroffen sind. Ansonsten ist dieselbe Primärbehandlung anzuwenden wie beim Muskelfaserriss.

### Muskelschäden

Zu den Muskelschäden zählen Muskelkater, Muskelkrampf und Muskelverhärtungen.

- **Muskelkater** (von Katarrh = Entzündung) bezeichnet eine Form von Muskelschmerzen, die zwei mögliche Ursachen hat.
  Am häufigsten erfährt sie auch der geübte Sportler, wenn er sich ungewohnten (z. B. durch eine andere Sportart) oder außergewöhnlich hohen Belastungen aussetzt. Bei ungewohnten, insbesondere abbremsenden Bewegungen werden weniger neuromuskuläre Endplatten eingebunden als bei alltäglichen. Dadurch kommt es in den aktiven Muskelzellen zu hohen Belastungen, die zu Rissen in den Z-Membranen (siehe S. 31 f.) führen. Spontane Kraftminderung ist die Folge. Da sich an den betroffenen Stellen keine sensiblen Fasern befinden, tritt zunächst kein Schmerz auf. Dieser entsteht erst am nächsten und übernächsten Tag, wenn der Gewebedruck erhöht ist, weil die Eiweißbruchstücke durch Ödemisierung (Wassereinlagerung) abtransportiert werden müssen, und die Durchblutung dadurch eingeschränkt ist. Hinzu kommt eine reflektorische Verspannung, die eine komplexe, praktisch nicht abwendbare Symptomatik erzeugt. Sanfte Massagen oder Sauna können die Schmerzen allerdings zumindest lindern.
  Seltener tritt Muskelkater bei energetischer Auslastung auf. Diese ruft in den Muskelzellen entzündliche Reaktionen hervor, deren Symptome denen der klassischen Variante sehr ähnlich sind.

- **Muskelkrämpfe**, also eine ungewollte, schmerzhafte Anspannung der Muskulatur, treten in der Regel eher bei Hobbysportlern auf und können ganz unterschiedliche Gründe haben.
  Die meisten Muskelkrämpfe haben ihre Ursache in einer Störung des Elektrolythaushalts bzw. einem Mineralstoffmangel in Bezug auf Kalium, Natrium und Magnesium. Dadurch kommt es zu Störungen bei der Erregung der betroffenen Muskeln. Begünstigt wird der Mineralstoffmangel durch unzureichende Flüssigkeitszufuhr, wodurch die Viskosität (Zähigkeit) des Blutes erhöht und somit die Mineralstoffversorgung der Muskulatur eingeschränkt wird. Die Störung des Elektrolythaushalts kann aber auch auf einer metabolischen Azidose beruhen (siehe auch S. 74), bei der der Blut-pH-Wert ansteigt, da das Blut nur noch eingeschränkt in der Lage ist, Übersäuerungen abzupuffern.
  Weitere Ursachen für Muskelkrämpfe können eine Acetylcholinesterasehemmung (dadurch werden nach einer Erregung die ausgeschütteten Transmitterstoffe nicht aus dem synaptischen Spalt entfernt; siehe S. 65) oder exogene Faktoren wie ungeeignete Schuhe oder ein harter Bodenbelag (z. B. Asphalt oder Tartan) sein.

## 7.2 Verletzungen und Schäden der Sehnen

Typische Schäden im Bereich der Sehnen sind Entzündungen, eine mögliche Verletzung ist die Sehnenruptur.

### Sehnenentzündungen

Die Sehnen der Hand- und Fingermuskeln haben einen langen Verlauf über mehrere Gelenke, der durch Sehnenscheiden geschützt wird, die bei Überbeanspruchung, z. B. beim Rudern, entzündlich reagieren können. In diesen Fällen spricht man von **Sehnenscheidenentzündungen**.
Aber auch der Übergang vom Knochen zur Sehne ist häufig von Verletzungen und Schäden betroffen, da die auf diese sensible Struktur wirkenden Kräfte erheblich sein können. Die auftretenden Störungen heißen **Enthesiopathien** (Sehnenansatzreizungen; auch: **Insertionstendopathien**). In diesen Fällen kommt es im Bereich der Ansatzzone der Sehne zu Mikrotraumen, die eine Abnahme der Elastizität und der Dämpfung, aber auch eine lokale Entzündung verursachen. Durch die eintretende Minderdurchblutung, den erhöhten Gewebedruck und die lokale Azidose kommt es zu Schmerzen und zu Funktionsstörungen. Häufig betroffene Stellen sind der Ellenbogen **(Tennisellenbogen)**, die

Achillessehne, das Knie oder die Schulter. Im Bereich der Schultergelenke kann es beispielsweise zu Sehnenansatzreizungen der Muskeln der Rotatorenmanschette (siehe S. 44) oder zu Schleimbeutelentzündungen kommen. Die große Beweglichkeit des Schultergelenks und die Enge im Gelenk sind dabei als Ursache für viele Beschwerden zu sehen.
Enthesiopathien können nach einer stumpfen Verletzung oder nach akuter Überlastung auftreten, aber auch als chronischer Schaden bei längerer Fehlbelastung. In letztgenanntem Fall ist die Therapie längerfristig anzusetzen und diese sollte neben der Bekämpfung der Symptome auch eine Änderung der Technik beinhalten. Bei akuten Enthesiopathien hilft der Physiotherapeut durch eine Reihe von Maßnahmen (Eis, diadynamische Ströme, Interferenz, Ultraschall, Stoßwelle etc.). Bei chronischem Auftreten muss die Durchblutung der betroffenen Region gefördert werden, z. B. durch Iontophorese, Friktionen oder Bestrahlungen. Die früher oft gesetzte Cortisonspritze ist mittlerweile tabu, da unter anderem die Gefahr von Spontanrupturen (Rissen) steigt.

### Sehnenrupturen

Von **Sehnenrupturen** (Sehnenrissen) – das Risiko dafür steigt im Alter u. a. aufgrund des meist abnehmenden Wassergehalts im Körper – ist am häufigsten die Achillessehne (siehe S. 50) betroffen. Hier ist das Sehnen-Muskel-Verhältnis (ca. 1 : 120) besonders ungünstig (sonst ca. 1 : 30). Sehnen reißen in der Regel nur, wenn Vorschädigungen (Mikroverletzungen, Überlastungen) vorliegen, oder nach Cortisonbehandlungen. Wenn die Sehne reißt, ist das gut hörbar und mit Schmerz und sofortiger Funktionseinschränkung verbunden. Die Therapie erfolgt durch Ruhigstellung und gegebenenfalls einen operativen Eingriff.

## 7.3 Verletzungen und Schäden der Knorpel

Knorpel passen sich durch Verdickung und die damit verbesserte Funktion an sportliche Belastungen an (siehe auch S. 36). Dennoch kann es durch unphysiologische Krafteinwirkungen im Gelenkbereich zu Verletzungen des Knorpels kommen, z. B. zu **Knorpelkontusionen** (Quetschungen) oder zu **Knorpelimpressionen** (Knochenstruktur unter dem Knorpel wird geschädigt), die in einen Knorpelschaden münden.
Darüber hinaus können länger andauernde Fehl- oder Überbeanspruchungen zu Schäden führen. Häufig wird man sich der Knorpel erst bewusst, wenn diese abgenutzt sind. In diesen Fällen spricht man von **Arthrose** (Gelenkverschleiß; nicht zu verwechseln mit Arthritis: Gelenkentzündungen). Ein recht häufiger Knorpelschaden, der schon bei jün-

geren Sportlern auftritt und unbehandelt bis zur Arthrose führen kann, ist die **Chondropathia Patellae**. Es handelt sich dabei um eine Erkrankung des Knorpels auf der Rückseite der Kniescheibe (siehe S. 42 f.), mit dessen Hilfe die Kniescheibe auf dem Oberschenkelknochen gleitet. Bei einer schlecht trainierten Oberschenkelmuskulatur oder bei einer wenig ausgeprägten Kniescheibe kann es zu degenerativen Erscheinungen des Knorpels kommen. Die **Hüftarthrose** tritt dagegen in der Regel erst in höherem Alter auf.

Der Knorpel selbst enthält keine sensiblen Nerven, sodass auftretende Schädigungen lange nicht wahrgenommen werden. Dazu kommt es oft erst dann, wenn Knochen auf Knochen reibt und die sehr sensible Knochenhaut beeinträchtigt wird. Knorpelschäden lassen sich durch chirurgische Eingriffe in manchen Fällen beheben. Durch gezielte Physiotherapie oder Krafttraining, bei denen die gelenkführende Muskulatur trainiert wird, kann der Entwicklung einer Arthrose entgegengewirkt werden. Sportarten, bei denen die betroffenen Gelenke stark beansprucht werden (siehe Tabelle 5), sind gegebenenfalls zu reduzieren oder zu vermeiden. Schwimmen beispielsweise stellt eine sehr gelenkschonende Ausgleichssportart dar. Weitere präventive Maßnahmen sind Ernährungsumstellungen, Gewichtskontrolle und die Wahl geeigneter Ausrüstung.

| Empfehlung | Zurückhaltung | Vermeidung |
|---|---|---|
| Schwimmen (Kraul) | Tennis | Alpines Skilaufen |
| Wandern (Ebene) | Reiten | Bergwandern |
| Golf | Jogging | Squash |
| Skilanglauf | | Badminton |
| Rad fahren | | Fußball |
| Gymnastik | | |

*Tab. 5: Sportdisziplinen bei Hüft- und Kniegelenksarthrose*

## 7.4 Verletzungen und Schäden der Gelenke

Zu häufigen **Verletzungen** im Bereich der Gelenke zählen:

- **Diskusverletzungen:** Sie treten bei Beuge- oder Rotationsbelastungen mit fixiertem Fuß auf und äußern sich durch starke Schmerzen.
- **Meniskusverletzungen:** Die häufigste Verletzung des Kniegelenks ist der Einriss eines der Menisken (siehe S. 43). Da der Innenmenis-

kus mit dem Innenband verwachsen ist, sind oft beide Strukturen betroffen. Wenn darüber hinaus noch das vordere Kreuzband gerissen ist, welches in der Regel eher betroffen ist als das hintere, spricht man von der „*Unhappy Triad*", die operativ versorgt werden muss. Ein operativer Eingriff ist aber oft schon nach einem reinen Meniskuseinriss nicht vermeidbar, weil Meniskuspartikel das Gelenk blockieren können oder weil der Meniskus weiter einreißen könnte.

- **Schleimbeutelentzündung (Bursitis):** Aufgrund der intensiven Belastung der Schleimbeutel (siehe S. 40) leiden oft Ringer oder Eishockeyspieler an dieser Art von Entzündungen. Im Normalfall reicht eine Sportpause zur Genesung. In chronischen Fällen können Schleimbeutel aber auch operativ entfernt werden. Nichtbehandelte Schleimbeutelentzündungen können schwerwiegende Folgen haben und schlimmstenfalls zur Gelenkversteifung führen.
- **Bänderrisse:** Die häufigste Sportverletzung ist der Riss eines oder mehrerer **Außenbänder im Sprunggelenk**. Diese Bänder sind sehr kurz und unflexibel, weshalb der Begriff „Bänderdehnung" irreführend ist, da es sich um Teilrisse handelt. Der Sportler knickt nach außen um und empfindet sofort starke Schmerzen. Die notwendigen Röntgenaufnahmen schließen zunächst eine Verletzung der Knochen aus. Die Therapie erfolgt in der Regel konservativ, d. h., eine Operation ist im Normalfall nicht notwendig.
  **Kreuzbandrisse** (siehe S. 43) im Kniegelenk treten vor allem in körperbetonten Sportarten oder bei Skistürzen auf, wenn Ober- und Unterschenkel gegeneinander verdreht werden. Hier ist häufig eine Operation nötig.
  Wenn die vom Schulterblatt zum Schlüsselbein ziehenden Bänder Schaden nehmen, spricht man von einer **Schultereckgelenksprengung**, die je nach Ausmaß unterschiedliche Ausprägungen und Funktionsausfälle nach sich zieht. Im schlimmsten Fall kommt es zum Reißen aller entsprechenden Bänder. Bei einem operativen Eingriff können diese wieder zusammengenäht und die meist verletzte Gelenkkapsel rekonstruiert werden.
- **Distorsion:** Eine schmerzhafte Überdehnung wird als Distorsion (Verstauchung) bezeichnet. In der Folge kann die Gelenkkapsel eingerissen sein oder es kommt zu Schäden am Bandapparat, am Nervengewebe oder an den Blutgefäßen.
- **Luxation:** Wenn der Gelenkschluss durch Ausrenken („Auskugeln") nicht mehr gegeben ist, spricht man von einer Luxation. Handballer und Wasserballer erfahren dies beispielsweise, wenn ihnen beim Wurf die Hand oder der Unterarm vom Gegenspieler gehalten wer-

den. Die Verletzung ist fast immer mit Bänderrissen verbunden. Am häufigsten (über 50 %) luxiert das Schultergelenk wegen seiner sehr offenen Gelenkpfanne (siehe S. 44). Außerdem können unter anderem Ellenbogen, Finger oder auch die Kniescheibe luxieren.
In manchen Fällen ist es nicht ausreichend, die betroffenen Gelenke nach dem Einrenken (Reposition) für eine gewisse Zeit ruhigzustellen, sondern die Luxation und/oder mögliche Begleitverletzungen müssen operativ versorgt werden. Wenn beispielsweise die Kniescheibe öfter herausspringt, spricht man von einer rezidivierenden (wiederkehrenden) Luxation, die man durch Verkürzen der Bänder oder Eingriffe am knöchernen Gelenkkörper behandelt. Orthesen und Stützmanschetten sollten nur sehr punktuell eingesetzt werden, da sie die physiologischen Adaptationsprozesse behindern und nicht selten die Gelenkkapsel verengen, den Knorpel schrumpfen lassen und die Bänder schwächen.

- **Verletzungen der gelenkführenden Muskulatur:** Ein Beispiel für diese Art der Schädigung ist ein Riss (Ruptur) der Rotatorenmanschette (siehe S. 44) am Schultergelenk. Dazu kann es bei jeder Sportart mit Körperkontakt kommen, insbesondere wenn eine Anschlagskontraktion verhindert wird (z. B. im Handball). Je nach Ausmaß der Verletzung ist eine operative Versorgung unumgänglich.
- **Brüche von Gelenkknochen:** Durch heftiges Umknicken können beispielsweise die am Aufbau des Sprunggelenks (siehe S. 44 f.) beteiligten Knochen brechen, man spricht allgemein von einem Bruch des Sprunggelenks. Mehrfachbrüche sind möglich, auch mit Einriss des Syndesmosebandes.
  Bei Stürzen sind durch Abfangbewegungen mit den Armen vor allem die Hand-, aber auch die Ellenbogengelenke von Frakturen betroffen.

Gelenkverletzungen werden in der Regel grundsätzlich nach dem Schema PECH (siehe S. 48) erstversorgt.

Degenerativen **Gelenkschäden** im Sport kann durch Ausschluss von Vorerkrankungen (Entzündungen), Training der muskulären Gelenkführung (durch Kraft-/Ausdauertraining), Verletzungsprophylaxe, richtige Ernährung und Gewichtskontrolle sowie geeignete Ausrüstung vorgebeugt werden.

## 7.5 Verletzungen und Schäden der Wirbelsäule

Die Wirbelsäule (siehe S. 37 ff.) kann zahlreichen degenerativen Störungen unterliegen, die durch Sport vermieden, geheilt, aber auch forciert werden können. Eine starke Rumpfmuskulatur, also die harmonische und die Wirbelsäule stützende Ausbildung der Rücken- und Bauchmuskulatur, ist bei jeder Sportart nützlich und sollte daher stets Beachtung finden. Sportarten, bei denen asymmetrische Belastungen dominieren (Kugelstoßen, Speerwerfen, Tennis, Fechten u. Ä.), erfordern dabei ein besonderes Augenmerk, da es ansonsten durch dauerhafte einseitige Belastungen der Wirbelsäule zu Abnutzungserscheinungen der Bandscheiben kommen kann. In diesem Zusammenhang ist besonders entscheidend, dass die beiden Elemente der Bandscheiben nicht gleichmäßig altern, sodass im Alter zwischen 30 und 50 Jahren einem zunehmend spröden Faserknorpel ein noch immer recht fluider Kern gegenübersteht. In diesem Zeitraum kann es daher eher zu einem Austreten des flüssigen Kerns kommen, der dann Druck auf das Rückenmark ausübt, was als **Bandscheibenvorfall** (Prolaps) bezeichnet wird. Symptome eines Bandscheibenvorfalls sind starke vom beeinträchtigten Wirbelsäulenbereich ausstrahlende Schmerzen und ein Taubheitsgefühl in den Körperregionen, die von den betroffenen Nervenwurzeln innerviert werden. Gefährdet sind hiervon vor allem Sportler*innen, in deren Sportarten hohe und/oder einseitige Kräfte wirken (z. B. Rudern, Gewichtheben, Kugelstoßen), starke Abbremsbewegungen notwendig sind (z. B. Squash) oder explosive Torsionen stattfinden (z. B. Golf, Tennis). Wirbelsäulenfreundliche Sportarten (z. B. Schwimmen, Radfahren, Yoga, Aerobic) wirken sowohl präventiv als auch therapeutisch.

## 7.6 Aufwärmen

Aufwärmen vor einer sportlichen Belastung hilft, Verletzungen und Schäden jeder Art vorzubeugen. Je nachdem, wie die Belastung aussieht, unterscheidet sich das Aufwärmen gravierend: Ein Fünf-Stunden-Marathon-Läufer wird sich seine Kräfte einteilen wollen und das Aufwärmen auf den Gang zur Startlinie minimieren, während ein Sprinter für den Endlauf über 100 m 1,5 bis 2 Stunden vorher aktiv ist.

Das Aufwärmen besteht aus zwei Phasen, einem allgemeinen Teil und einem speziellen, der sportartspezifisch ist und die Intensität (z. B. moderates Training oder Sprintfinale) berücksichtigt. Außerdem hat das Aufwärmen eine psychische Komponente, denn es soll gegebenenfalls das maximale Leistungspotenzial mobilisieren.

Physiologische Prozesse durch das Aufwärmen:
- Aktivierung des kardiopulmonalen Systems (Kreislauf, Atmung)
- Erhöhung der Muskel- und Körpertemperatur
- Steigerung der Sensibilität der Sinnesrezeptoren mit zunehmender Gewebetemperatur

- Steigerung der allgemeinen Durchblutung (Weitung der Kapillaren)
- Steigerung der Gelenkkapseldurchblutung zur Optimierung der neuromuskulären Gelenkprotektion und der sensomotorischen Steuerung
- Verbesserung der Pufferwirkung des Gelenkknorpels durch Aufnahme von Flüssigkeit
- Erhöhung der Dehnfähigkeit und der Elastizität der Muskeln, Sehnen und Bänder (Abnahme der Rissbereitschaft)
- Verkürzung der Diffusionsstrecken in der Muskulatur
- Beschleunigung der Informationsübermittlung
- Steigerung der koordinativen Fähigkeiten

Aufgrund dieser Veränderungen kann mit einem Aufwärmprogramm das Verletzungsrisiko vermindert werden. Werden dabei aber Fehler gemacht, kann die Gefahr einer Verletzung schlimmstenfalls sogar steigen: So beinhaltet der allgemeine Aufwärmteil in der Regel ein Einlaufen, wodurch das Blut vorwiegend in die Beine verlagert wird. Wenn nun aber anschließend eine Badmintoneinheit auf dem Programm steht, in der es spielbedingt auch zu maximalen Belastungen im Schultergelenk kommt, stellt sich das Einlaufen als kontraproduktiv dar.

# 8 Herz-Kreislauf-System

Hauptaufgabe des **Herz-Kreislauf-Systems**, das aus dem Herz, den Blutgefäßen sowie dem Blut besteht, ist die **Versorgung** aller Körperregionen mit Nährstoffen und Sauerstoff sowie der **Abtransport** der Stoffwechselendprodukte (z. B. Kohlenstoffdioxid, siehe S. 60 und 75).

Daneben ist das Blut für zahlreiche weitere Aufgaben zuständig (siehe S. 58 ff.).
Zu den Effekten von sportlichem Training auf das Herz-Kreislauf-System siehe S. 97 ff.

## 8.1 Lungen- und Körperkreislauf

Das Kreislaufsystem umfasst die beiden großen Bereiche Körperkreislauf und Lungenkreislauf:

- Im **Lungenkreislauf** wird das Blut zunächst aus der rechten Herzkammer über die Lungenarterien Richtung Lunge gepumpt. Dort kommt es zum Gasaustausch: Die Blutgefäße verästeln sich immer weiter bis hin zu den feinsten Gefäßen, den Kapillaren. In diese diffundiert Sauerstoff aus der Atemluft über die Alveolen der Lunge (Lungenbläschen), während gleichzeitig Kohlenstoffdioxid aus den Kapillaren in die Alveolen diffundiert (siehe auch Atmung, S. 60 ff.). Das nun sauerstoffreiche und kohlenstoffdioxidarme Blut gelangt über die Lungenvenen in den linken Vorhof.

- Im ersten Schritt des **Körperkreislaufs** wird das sauerstoffreiche Blut aus dem linken Vorhof in die linke Herzkammer gepumpt. Von hier aus wird es über die Körperarterien zu den Zielorganen befördert. Dort verzweigen sich die Blutgefäße wie in der Lunge zu einem Kapillarsystem, über das die Diffusion von Sauerstoff und Nährstoffen aus dem Blut in das Gewebe und von Kohlenstoffdioxid und anderen Stoffwechselprodukten aus den Zellen heraus ins Blut erfolgen kann (Gasaustausch und Austausch anderer Stoffe). Körpervenen führen das sauerstoffarme und kohlenstoffdioxidreiche Blut anschließend zurück zum Herzen, in den rechten Vorhof.

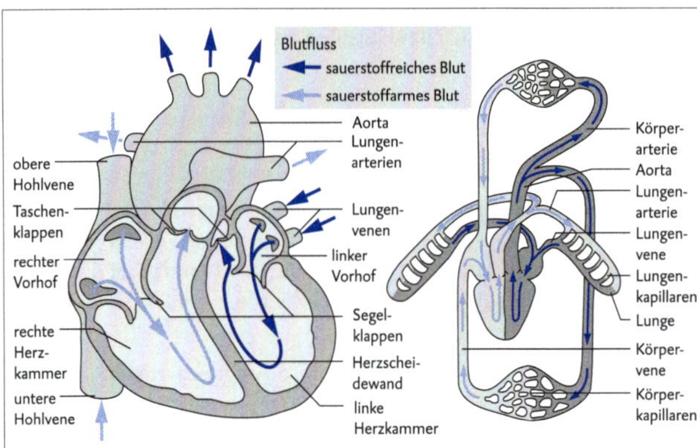


*Abb. 24: Aufbau des Herzens und Blutkreislauf*

## 8.2 Herz

Das Herz ist der Motor des Blutkreislaufs: Vom Brustkorb gut geschützt treibt es als **Hohlmuskel** mit seinen Kontraktionen den Blutfluss an. Zu den Anpassungen des Herzens an sportliche Belastung siehe S. 97 f.

### Aktivität des Herzens und Blutdruck

Der Herzzyklus umfasst zwei Phasen, die Systole und die Diastole, die gemeinsam gewährleisten, dass das Blut durch den Körper transportiert wird.

- **Systole** (Anspannungs- und Austreibungsphase): In dieser Phase kommt es zur Kontraktion (Zusammenziehen) der beiden Herzkammern. Der Druck in den Kammern steigt dadurch so lange an, bis sich die Taschenklappen öffnen und das Blut kraftvoll in den Lungen- und den Körperkreislauf gepumpt wird. Die Systole erzeugt den beispielsweise an der Halsschlagader und am Handgelenk tastbaren Puls.
- **Diastole** (Entspannungs- und Einströmphase): Diese Phase beginnt mit der Erschlaffung der Kammermuskulatur. Durch den infolgedessen sinkenden Herzkammerdruck schließen sich die Taschenklappen wieder und Blut wird durch die Segelklappen aus den Vorhöfen in die Herzkammern gesaugt. Die gleichzeitige Kontraktion der Vorhöfe verstärkt den Einstrom zusätzlich.

Als **Blutdruck** wird der Druck des Blutes in den Blutgefäßen bezeichnet. Er ist unter anderem abhängig von der Pumpleistung des Herzens (Blutvolumen, das pro Zeiteinheit gepumpt wird), vom Widerstand der Blutgefäße und von der Viskosität (Zähflüssigkeit) des Blutes.

Analog zu den Phasen der Herztätigkeit ist der systolische vom diastolischen Blutdruck zu unterscheiden:

- **Systolischer Blutdruck:** Maximaler Blutdruckwert, der bei der Systole erreicht wird. In Ruhe liegt dieser „obere Blutdruckwert“ bei ca. 120 mmHg.
- **Diastolischer Blutdruck:** Niedrigster Blutdruckwert, der bei der Diastole erreicht wird. In Ruhe liegt dieser „untere Blutdruckwert“ bei ca. 80 mmHg.

Ein chronisch zu niedriger Blutdruck wird als **Hypotonie**, ein dauerhaft zu hoher Blutdruck als **Hypertonie (Bluthochdruck)** bezeichnet.
Die herznahen Arterien sorgen durch ihre Elastizität, die ihnen erlaubt, kurzfristig ein großes Blutvolumen aufzunehmen und verzögert wieder abzugeben, dafür, dass die Druckdifferenz zwischen Systole und Diastole abgeschwächt wird. Folglich wird unabhängig von der momentanen Kontraktionsphase ein relativ gleichmäßiger Blutstrom gewährleistet. Dies bezeichnet man als **Windkesselfunktion der herznahen Arterien**.

### Steuerung und Regulation der Herztätigkeit

Die täglich rund 100 000 Kontraktionen des Herzmuskels können nicht bewusst ausgelöst und gesteuert werden. Vielmehr verfügt das Herz über ein **autonomes Erregungsbildungs- und Erregungsleitsystem**. Als Schrittmacher des Herzens dient der **Sinusknoten**, der in der Wand des rechten Vorhofs liegt. Er erzeugt die elektrischen Impulse, die die Herzmuskulatur zur rhythmischen Kontraktion anregen. Die Erregungsleitung über den Herzmuskel hinweg erfolgt über den AV-Knoten (sekundärer Schrittmacher im Fall eines Ausfalls des Sinusknotens), das His-Bündel, die Tawara-Schenkel und die Purkinje-Fasern.

Das Kreislaufsystem wird spontan an die Bedürfnisse des Organismus angepasst, indem beispielsweise die Herzfrequenz bei Belastungen erhöht und beanspruchte Körperregionen verstärkt durchblutet werden. Die Regulation dieser Prozesse erfolgt unter anderem über das vegetative Nervensystem (siehe S. 64) und das Hormonsystem (siehe S. 70).

### Schädigung des Herzmuskels

Beim Sporttreiben muss ein besonderes Augenmerk darauf gelegt werden, dass im Fall eines grippalen Infekts das Herz nicht in Mitleidenschaft gezogen wird. Ob das Herz gesund ist oder nicht, lässt sich nicht ohne Weiteres erkennen, weshalb eine jährliche sportärztliche Untersuchung sinnvoll ist. Besonders gefährlich ist eine **Herzmuskelentzündung**, die bei sportlichen Höchstbelastungen zum plötzlichen Herztod auch schon bei jungen Menschen führen kann. Um dieses Risiko weitgehend auszuschließen, sollte man während eines Infekts sportabstinent bleiben und erst nach vollständiger Genesung wieder aktiv werden.

## 8.3 Blut

### Zusammensetzung

Etwa 6–8 % des Körpergewichts eines Erwachsenen macht das Blut aus (ca. 5–6 l). Der flüssige Anteil wird als **Plasma** bezeichnet und ist für etwa 55 % des Blutvolumens verantwortlich. Die übrigen ca. 45 % sind **Blutzellen (Hämatokrit)**.

### Aufgaben

Das Blut zirkuliert im Körper im geschlossenen Blutgefäßsystem, über das die Organe alle Stoffe erhalten, die für ihre Struktur und ihre Funktion notwendig sind, und über das sie ihre Stoffwechselendprodukte abgeben. Da die Zusammensetzung des Blutes durch die in den einzelnen Organen ablaufenden Stoffwechselprozesse beeinflusst wird, finden sich im Blut auch Hinweise zum funktionellen Zustand der Organe.

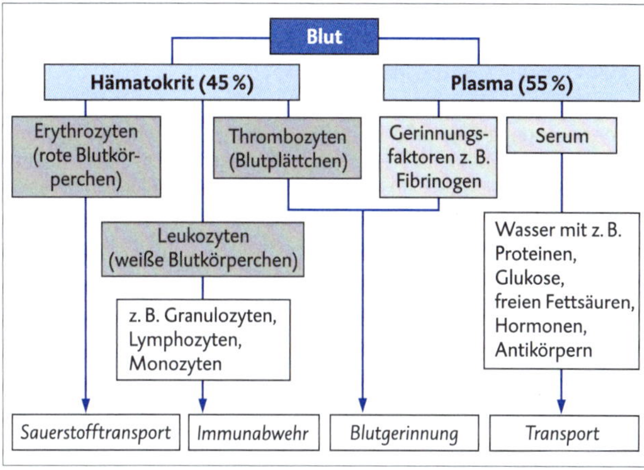


*Abb. 25: Zusammensetzung und Funktionen des Blutes*

Das Blut hat im Wesentlichen folgende Aufgaben:

- **Transportfunktion:** Die Hauptaufgabe des Blutes besteht darin, Sauerstoff und Nährstoffe zu den Organen zu bringen und Stoffwechselzwischen- und -endprodukte (z. B. Kohlenstoffdioxid) abzutransportieren (siehe auch S. 60 f.). Außerdem gehört auch die Beförderung weiterer körpereigener Stoffe (z. B. Hormone) zu seinen Aufgaben.
  Der Transport des Sauerstoffs im Blut erfolgt über das in den roten Blutkörperchen enthaltene **Hämoglobin** (roter Blutfarbstoff). In den Kapillaren der Lunge nimmt das Molekül den Sauerstoff auf und gibt ihn in den Kapillaren des Zielgewebes wieder ab. Im Muskel übernimmt das **Myoglobin** den Sauerstoff vom Hämoglobin und verteilt ihn auf die Muskelzellen.
  Da die roten Blutkörperchen bzw. das Hämoglobin der limitierende Faktor für die Sauerstoffversorgung der Muskulatur sind, zielen die meisten **Dopingversuche** zur Verbesserung der Ausdauer auf deren Vermehrung ab (siehe EPO und Blutdoping S. 141 ff.). Eine Möglichkeit, die Erythrozytenkonzentration im Blut auf legalem Weg zu erhöhen, ist **Höhentraining**. Dabei passt sich der Körper im Verlauf von meist mehreren Wochen an die in großer Höhe herrschende geringere Sauerstoffkonzentration in der Atemluft an, indem er vermehrt Erythrozyten produziert, um eine ausreichende Sauerstoffver-

sorgung des Gewebes zu gewährleisten. Bereits wenige Tage nach der Rückkehr auf ein normales Höhenniveau sinkt die Erythrozytenkonzentration aber wieder.

- **Homöostase:** Das Blut ist durch die in Lösung oder in kolloidaler Form (als ungelöste Teilchen) vorliegenden Elektrolyte (Mineralstoffe) und das in ihm enthaltenen Wassers entscheidend an der Regulation des Wasser- und Mineralstoffhaushalts des Körpers beteiligt.
  Auch die Körpertemperatur wird durch das Blut reguliert, indem beispielsweise Wärme aus stoffwechselaktiven Organen zu oberflächennahen Bereichen gebracht wird (siehe auch S. 79).
- **Abwehrfunktion:** In den Körper eingedrungene Fremdkörper und Erreger werden durch spezielle Blutzellen und Antikörper unschädlich gemacht (siehe S. 69 f.).
  Gleichzeitig stellt es durch die Blutgerinnung (durch Gerinnungsfaktoren) sicher, dass bei Verletzungen die Integrität des Systems wiederhergestellt wird.

Seit einiger Zeit wird dem alkoholfreien Bier ein Gesundheitsversprechen zugedacht, indem es mit dem Attribut „isotonisch" belegt wird. Der Begriff bedeutet, dass es den gleichen Anteil an gelösten Stoffen enthält wie das Blut. Aus diesem Grund nahm man früher an, dass die **isotonischen Getränke** besonders schnell vom Körper aufgenommen werden können, da die enthaltenen Mineralstoffe und Spurenelemente rasch zur Verfügung stehen. Inzwischen ist man sich aber darin einig, dass leicht hypertone Getränke, also Flüssigkeiten, die mehr gelöste Teilchen enthalten als das Blut, schneller vom Körper aufgenommen werden. „Isotonisch" ist also eine leere Werbeformel.

Zu den Anpassungen des Blutes an sportliche Belastung siehe S. 98 f.

# 9 Atmungssystem

Der Begriff der (äußeren) **Atmung** bezeichnet den Gasaustausch über die Lunge, also die Sauerstoffaufnahme in den Körper und die Kohlenstoffdioxidabgabe an die Umgebung.

Der Organismus benötigt den Sauerstoff ($O_2$), um mit seiner Hilfe Energie aus der aufgenommenen Nahrung zu gewinnen (innere Atmung, Zellatmung, siehe S. 75 f.). Bei diesem Prozess fällt Kohlenstoffdioxid ($CO_2$) als Abfallprodukt an.
Zu den Effekten von Training auf das Atmungssystem siehe S. 99.

## 9.1 Weg der Atemluft

Bei der Inspiration (Einatmung) gelangt die sauerstoffreiche Atemluft über die **Atemwege** in den Körper. Durch die Nase oder den Mund strömt die Luft über den Rachenraum und den Kehlkopf in die Luftröhre und schließlich in das Bronchialsystem. Dieses besteht aus den Hauptbronchien, den Bronchien und den Bronchiolen, die in die **Lungenbläschen (Alveolen)** münden.

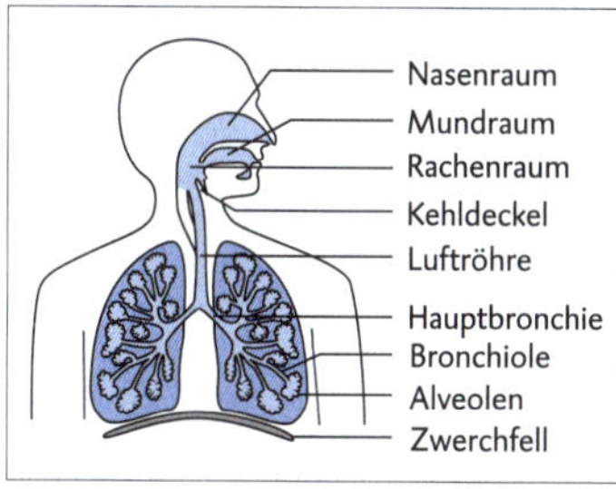


*Abb. 26: Stark vereinfachte Darstellung der Atemwege*

Bei der Ausatmung (Exspiration) strömt die nun sauerstoffarme und kohlenstoffdioxidreiche Atemluft auf dem gleichen Weg nach außen.

## 9.2 Gasaustausch in der Lunge

Der Gasaustausch findet über Diffusion zwischen den Kapillargefäßen der Lunge (siehe auch S. 56) und den Lungenbläschen statt. Aus der sauerstoffreichen Atemluft tritt $O_2$ in die Blutgefäße über und gleichzeitig diffundiert $CO_2$ aus diesen in die Alveolen hinein.

## 9.3 Atemmechanik

Im Allgemeinen kann nach der hauptsächlich aktiven Atem(hilfs)muskulatur zwischen **Bauchatmung** und **Brustatmung** unterschieden werden. Dabei ist jedoch zu beachten, dass beide Varianten im Normalfall nie unabhängig voneinander ablaufen, sondern zusammenwirken. Prinzipiell hat die Bauchatmung in Ruhe aber einen größeren Anteil an der Atemleistung als die Brustatmung, während die Brustatmung bei erhöhter (sportlicher) Aktivität bzw. Belastung an Bedeutung gewinnt.

- **Einatmung:** Der Lufteinstrom in die Lunge beruht auf der Erzeugung eines Unterdrucks in dem Organ. Dieser kommt durch die Vergrößerung des Brustraums zustande, der die Lunge passiv folgt. Bei der Bauchatmung wird der Brustraum durch die Kontraktion und damit Abflachung des Zwerchfells erweitert, bei der Brustatmung durch die Kontraktion der Zwischenrippenmuskulatur.

- **Ausatmung:** Im Fall der Bauchatmung erfolgt die Ausatmung durch die Entspannung des Zwerchfells, die eine Wölbung des Muskels nach oben zur Folge hat. Dadurch wird der Brustraum verkleinert, was eine passive Verkleinerung der Lunge und infolge des in dem Organ entstehenden Überdrucks ein Ausströmen der Atemluft bewirkt. Die Verkleinerung des Brustraums beruht bei der Brustatmung auf der Entspannung der Zwischenrippenmuskulatur.

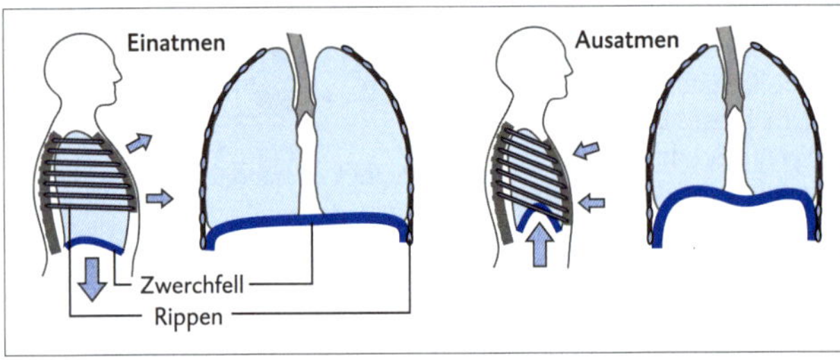


*Abb. 27: Zusammenwirken von Brust- und Bauchatmung*

Als **Pressatmung** bezeichnet man das Ausführen von Ausatembewegungen bei bewusst verschlossenen Atemwegen. Gewünschter Effekt der Pressatmung ist der Aufbau von Druck im Brust- und Bauchraum, der die Fixierung des Schultergürtels und der Wirbelsäule zur Folge hat, wie sie beispielsweise beim Heben großer Lasten nötig ist. Unerwünschte Nebeneffekte sind eine Beeinträchtigung der Sauerstoffversorgung des Körpers und Störungen des Blutkreislaufs, die beispielsweise zu einem Blutdruckanstieg führen.

## 9.4 Regulation der Atmung

Ist der Körper großen (sportlichen) Belastungen ausgesetzt, ist der Energieverbrauch erhöht, was mit einem erhöhten Sauerstoffbedarf und einem vermehrten Aufkommen an Kohlenstoffdioxid einhergeht (siehe auch S. 75). Um den Bedarf an Sauerstoff zu decken und die Abgabe des Kohlenstoffdioxids zu gewährleisten, ist es notwendig, die Atemtätigkeit zu erhöhen. Ist die Belastungsphase schließlich vorüber, wird die Atmung wieder herunterreguliert.

Die Steuerung der Atmung erfolgt über das **Atemzentrum** im Hirnstamm. Rezeptoren in den Arterien messen den $CO_2$-Gehalt im Blut und leiten die entsprechenden Informationen an das Atemzentrum weiter, wo sie verrechnet werden. Vom Atemzentrum aus gehen dann Signale über efferente Nervenbahnen (siehe auch S. 65 f.) an die Atemmuskulatur, die dazu führen, dass je nach Bedarf unter anderem die Atemfrequenz erhöht oder verringert wird.

Unter dem Begriff **Schwimmbad-Blackout** versteht man eine plötzlich eintretende Bewusstlosigkeit von Taucherinnen und Tauchern unter Wasser. Während eines Tauchgangs reichert sich $CO_2$ im Blut an, was ab einer bestimmten Konzentration zu einem Atemreiz führt, der die Sportlerin bzw. den Sportler im Normalfall zum Auftauchen veranlasst, noch bevor der Sauerstoffgehalt im Blut eine kritische Schwelle unterschreitet. Hat die Taucherin bzw. der Taucher jedoch vor dem Tauchgang hyperventiliert, kann es vorkommen, dass dadurch die $CO_2$-Konzentration im Blut so weit absinkt, dass der Wert, an dem der Atemreiz ausgelöst wird, erst erreicht ist, wenn die Sauerstoffkonzentration den kritischen Wert bereits unterschritten hat. Infolgedessen kann es zur oben beschriebenen Bewusstlosigkeit während des Tauchvorgangs kommen.

## 9.5 Kenngrößen der Atmung

Die Leistung des Atmungssystems ergibt sich unter anderem aus den folgenden Kenngrößen:

- **Atem(zug)volumen:** Umfasst die in Ruhe pro Atemzug ein- und ausgeatmete Luft und beträgt ca. 0,5 l.
- **Atemfrequenz:** Bezeichnet die Anzahl an Atemzügen in einer bestimmten Zeiteinheit (meist Minute). Sie ist bei trainierten Sportlern niedriger als bei Untrainierten.
- **Atemminutenvolumen:** Das Produkt aus Atemvolumen und Atemfrequenz.
- **Inspiratorisches Reservevolumen:** Das Luftvolumen, das nach einer normalen Einatmung zusätzlich noch eingeatmet werden kann.
- **Exspiratorisches Reservevolumen:** Das Luftvolumen, das nach einer normalen Ausatmung zusätzlich noch ausgeatmet werden kann.
- **Vitalkapazität:** Das Luftvolumen, das nach tiefer Einatmung maximal ausgeatmet werden kann. Sie beträgt ca. 4 bis 5 l und wird von sportlichem Training wenig beeinflusst.
- **Residualvolumen:** Das Luftvolumen, das auch nach einer maximalen Ausatmung in der Lunge verbleibt.
- **Totalkapazität:** Die Summe aus Vitalkapazität und Residualvolumen.

Die Ermittlung der Leistungsfähigkeit des Atmungssystems kann über den **Atemstoßtest** erfolgen: Dabei wird das Luftvolumen gemessen, das nach maximaler Einatmung innerhalb einer Sekunde ausgeatmet werden kann. Dieses sollte 80 % der Vitalkapazität betragen.
Bei sportlichen Belastungen ist es stets sinnvoller, tiefer zu atmen, als die Atemfrequenz zu steigern, um die „Kontaktzeit" der Luft mit dem Blut zu verlängern und somit den Gasaustausch zu verbessern.

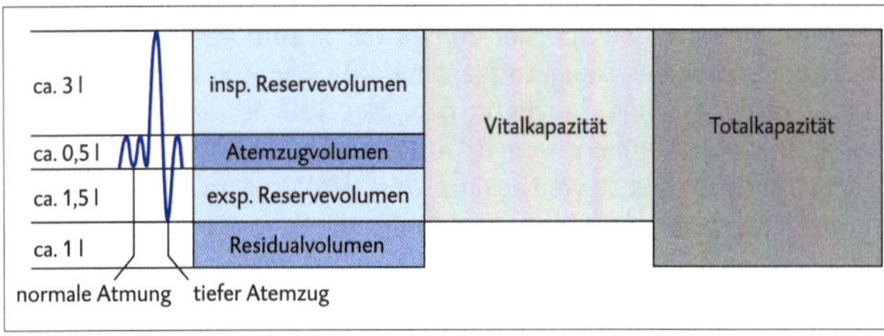


*Abb. 28: Wichtige Kenngrößen der Atmung*

# 10 Nervensystem

Aufgabe des **Nervensystems** ist es, Reize aus dem Körper und aus der Umwelt aufzunehmen, diese in elektrische Signale (Erregung) umzuwandeln, entsprechend weiterzuleiten, zu verrechnen und eine passende Reaktion zu veranlassen.

## 10.1 Aufbau des Nervensystems

Das Nervensystem besteht aus dem **zentralen Nervensystem (ZNS)**, also dem Gehirn und dem Rückenmark, sowie dem **peripheren Nervensystem**, das alle übrigen Komponenten des Nervensystems umfasst.
Funktionell kann das **vegetative (unwillkürliche) Nervensystem**, das die Bereiche umfasst, die nicht bewusst beeinflusst werden können, vom **somatischen Nervensystem** unterschieden werden, das die willentlich beeinflussbaren Komponenten beinhaltet.

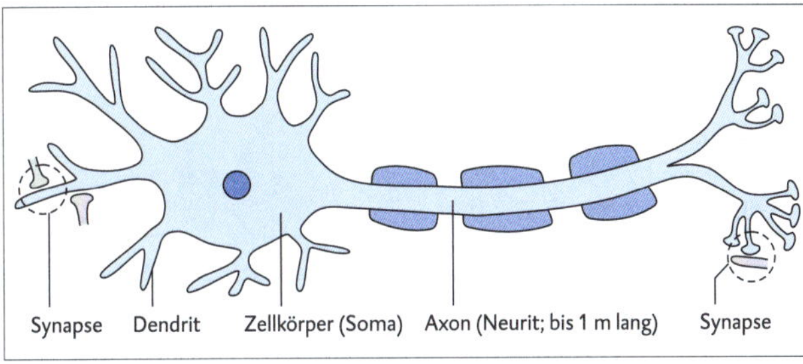


*Abb. 29: Schematischer Aufbau einer Nervenzelle*

Die kleinste Einheit des Nervensystems ist die **Nervenzelle (Neuron)**. Diese hoch spezialisierten Zellen verfügen über Dendriten, die aufgenommene Erregungen zum Zellkörper leiten, wo sie in Aktionspotenziale umgewandelt werden, die entlang des Axons über Synapsen auf die Dendriten der nächsten Nervenzelle oder eine Muskelzelle übertragen werden.

## 10.2 Informationsaufnahme, -verarbeitung und -weiterleitung

Damit das Nervensystem beispielsweise in der Lage ist, Bewegungen gezielt zu steuern und an die jeweilige Situation anzupassen, ist es darauf angewiesen, Informationen aus der Umwelt und aus dem Körperinneren aufnehmen zu können. Diese Informationsaufnahme erfolgt über **Rezeptoren (Sinneszellen)**. Diese können je nach Aufgabe verschiedene Reize aufnehmen: So werden beispielsweise Mechanorezeptoren (z. B. Tastsinneszellen und Hörsinneszellen) durch mechanische Reize und Fotorezeptoren (Sehsinneszellen) durch Lichtreize angeregt (siehe auch Analysatoren, S. 68 f.). In manchen Fällen sind Rezeptoren zu **Sinnesorganen** (z. B. Auge) gebündelt.
Die aufgenommenen Reize werden von den Rezeptorzellen in **Aktionspotenziale** umgewandelt und über **afferente Nervenbahnen (Afferenzen)** zum Gehirn geleitet. Innerhalb der Nervenbahnen sind die Nervenzellen über Synapsen verbunden. Dort einlaufende Aktionspotenziale veranlassen die Ausschüttung von **Transmittern (Botenstoffen)** aus der synaptischen Endigung. Diese Botenstoffe bewirken an der nachfolgenden Zelle wiederum die Ausbildung von Aktionspotenzialen.

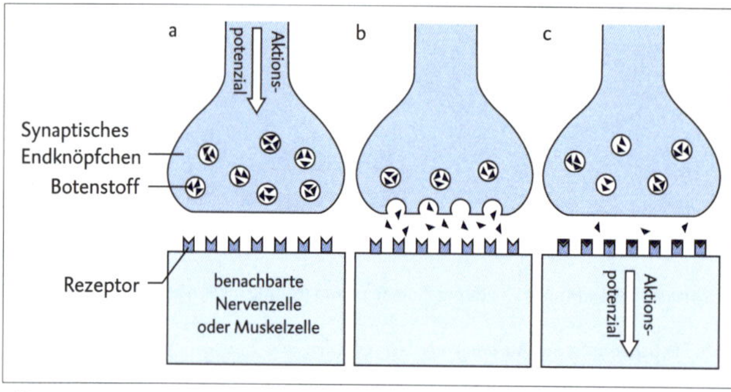


*Abb. 30: Schematische Darstellung der Erregungsübertragung an einer Synapse*

Im **Gehirn** erfolgt die Verrechnung der einlaufenden Informationen. Der Entschluss, dass eine Bewegung ausgeführt werden soll, entsteht in Zusammenarbeit mit dem Limbischen System in den Assoziationsfeldern des **Großhirns**. Im **Kleinhirn** sind **Bewegungsprogramme** gespeichert, mit denen die einlaufenden Informationen abgeglichen werden, wodurch es zur Entwicklung eines an die Situation angepassten (räumlich und zeitlich konkreten) **Bewegungsplans** kommt. Über motorische Felder des Großhirns **(Motorcortex)**, den Steuerzentralen der Bewegungen, werden dann die **Steuerbefehle** erzeugt. Diese werden schließlich über **efferente Nervenbahnen (Efferenzen)** an die entsprechenden **Muskeln** weitergeleitet. Die Übertragung der Signale auf die Muskulatur erfolgt über die **motorischen Einheiten** (siehe auch S. 32). Infolgedessen wird die geplante Bewegung ausgeführt. Auch zu dieser Bewegungsausführung erfolgen wieder **Rückmeldungen** an das Gehirn, wodurch Bewegungsabläufe beispielsweise angepasst bzw. korrigiert werden können.

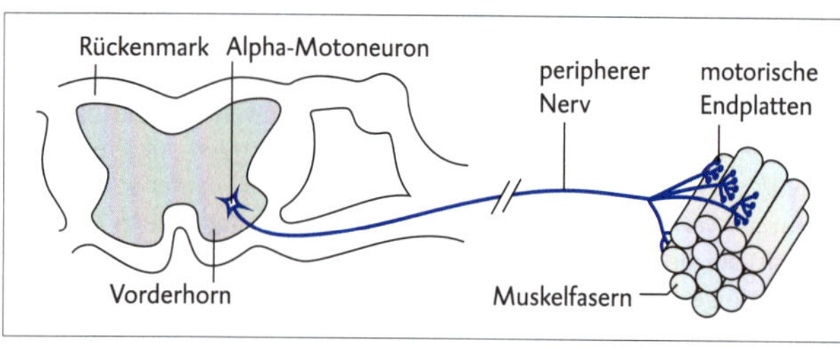


*Abb. 31: Schematische Darstellung einer motorischen Einheit*

Durch Sport kommt es unter anderem zu einer verbesserten Durchblutung der beanspruchten Gehirnbereiche und damit zu einer erhöhten Nähr- und Sauerstoffversorgung des Nervengewebes. Darüber hinaus erhöht sich die Anzahl der Synapsen, die für die Weiterleitung der entsprechenden Erregungen zuständig sind.

## 10.3 Reflexe

In Situationen, in denen besonders schnelle Reaktionen erforderlich sind, z. B. zum Schutz vor dem Stolpern, wäre der oben beschriebene Reiz-Reaktions-Weg zu umständlich.

Als **Reflexe** werden automatisch und immer gleich ablaufende, unwillkürliche Reaktionen des Körpers bezeichnet, die auf einen Reiz hin ablaufen, ohne dass das Gehirn einbezogen wird. Es kommt also nicht zum Abruf von Bewegungsprogrammen.

Die Verschaltung zwischen Reiz und Reaktion erfolgt dabei im Rückenmark, ohne dass es zu einer Verrechnung kommt. Das Prinzip eines Reflexes kann anhand eines Reflexbogens (Spezialfall des Reiz-Reaktions-Schemas) dargestellt werden.

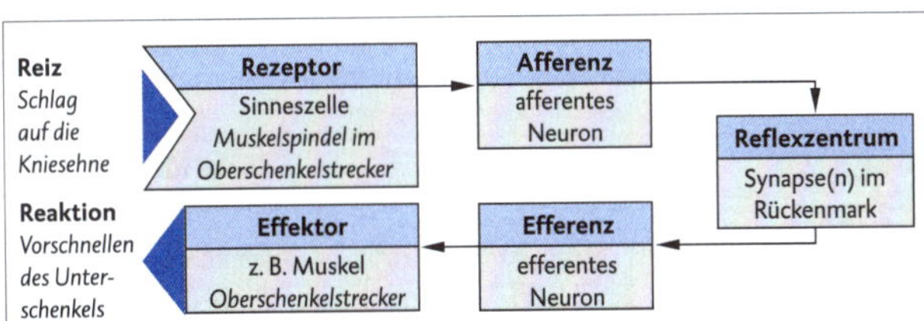


*Abb. 32: Reflexbogen am Beispiel des Kniesehnenreflexes (Patellarsehnenreflex)*

Bei **Eigenreflexen**, wie den monosynaptischen Dehnungsreflexen, zu denen der **Kniesehnenreflex (Patellarsehnenreflex)** zählt, befindet sich der Rezeptor (z. B. Muskelspindel des Oberschenkelstreckers) im selben Organ, das auch für die Reaktion zuständig ist (z. B. Oberschenkelstrecker). In diesen Fällen erfolgt die Umschaltung von Afferenz auf Efferenz im Rückenmark in der Regel **monosynaptisch**, d. h. über eine einzige Synapse.
Im Fall der **Fremdreflexe** erfolgt die Umschaltung in der Regel **polysynaptisch**, also über mindestens ein Zwischenneuron. Hier ist der Ort

der Reizaufnahme vom Ort der Reaktion relativ weit entfernt. Ein Beispiel ist der Rückziehreflex, bei dem z. B. nach dem Berühren einer heißen Herdplatte mit dem Finger die Armmuskeln zu einer Rückziehbewegung veranlasst werden.

Die **Muskelspindeln**, die parallel zu den Muskelfasern liegen, überwachen den Dehnungszustand der Muskeln (Dehnungsrezeptoren). Sie sind dafür verantwortlich, dass die Beweglichkeit der entsprechenden Muskulatur bei schnellen, ruckartigen Dehnungen gehemmt wird. Unterstützt wird dieser Mechanismus von den **Golgi-Sehnenorganen (Sehnenspindeln)**, die am Muskel-Sehnen-Übergang sitzen und die die Hemmung von Muskelkontraktionen bei zu hoher Spannungsentwicklung veranlassen. Auch die verschiedenen Typen von **Gelenkrezeptoren**, die in der Gelenkkapsel bzw. im Bandapparat liegen und die Auskunft über die Bewegung und die Belastung von Gelenken geben, wirken unterstützend.

## 10.4 Analysatoren

Als Analysatoren (siehe auch S. 15) werden die Strukturen bezeichnet, die für den Prozess der Aufnahme, der Weiterleitung und der Wahrnehmung von Sinnesreizen zuständig sind. Ein Analysator besteht also aus den entsprechenden Rezeptoren (bzw. dem Sinnesorgan), den jeweiligen afferenten Nervenbahnen und den für die Verrechnung der speziellen Informationen verantwortlichen Hirnarealen.

| Analysator | Rezeptortypen | Beispiel für gelieferte Informationen |
|---|---|---|
| Taktiler Analysator (Tastsinn) | Mechanorezeptoren in der Haut | Wahrnehmung des Schlägergriffs beim Tennis |
| Kinästhetischer Analysator (Bewegungsempfinden) | Dehnungsrezeptoren in Muskeln, Spannungsrezeptoren in Sehnen, Gelenkrezeptoren | Wahrnehmung des Krafteinsatzes beim präzisen oberen Zuspiel beim Volleyball |
| Optischer Analysator (Sehsinn) | Sehsinneszellen | Wahrnehmung der Flugkurve eines Balls |
| Akustischer Analysator (Hörsinn) | Hörsinneszellen (Mechanorezeptoren in der Hörschnecke des Innenohrs) | Wahrnehmung eines akustischen Startsignals |

| Statico-dynamischer Analysator (Vestibularanalysator; Gleichgewichtssinn) | Mechanorezeptoren im Gleichgewichtsorgan des Innenohrs | Wahrnehmung der aktuellen Körperlage beim Wasserspringen |
|---|---|---|

*Tab. 6: Beispiele für im Sport besonders relevante Analysatoren*

# 11 Immunsystem

Aufgabe des **Immunsystems** ist es, das Eindringen von **Krankheitserregern** (z. B. Viren, bestimmte Bakterien, Pilze) und anderen schädlichen körperfremden Stoffen in den Körper zu verhindern bzw. eingedrungene Erreger und Fremdkörper unschädlich zu machen.

## 11.1 Unspezifische (angeborene) Immunabwehr

Zur unspezifischen Immunabwehr werden diejenigen Bestandteile des Immunsystems gerechnet, die genetisch angelegt und daher oft von Geburt an einsatzbereit sind und die sich nicht gegen spezifische Erreger, sondern allgemein gegen alle eindringenden Fremdkörper und Organismen richten. Zu den Komponenten der unspezifischen Immunabwehr zählen unter anderem:

- der **Säureschutzmantel** der Haut,
- die **Schleimhaut** der Atemwege,
- die **Magensäure**,
- die **Tränenflüssigkeit** sowie
- spezielle Leukozyten (weiße Blutkörperchen), die als **Fresszellen** Fremdkörper aufnehmen und abbauen: Makrophagen (Riesenfresszellen; Monozyten) und Granulozyten.

## 11.2 Spezifische (erworbene) Immunabwehr

Die Immunreaktionen dieses Bereichs des Immunsystems sind speziell auf die jeweiligen Krankheitserreger zugeschnitten.
Das Prinzip der Abwehr beruht zum einen auf der Produktion von **Antikörpern**, die individuell an bestimmte Oberflächenmerkmale **(Antigene)** der Erreger angepasst sind. Die von den sogenannten B-Lymphozyten (genauer von den daraus hervorgehenden Plasmazellen) unter Vermittlung spezieller T-Lymphozyten (T-Helferzellen) produzierten Antikörper können dadurch an die körperfremden Stoffe binden und sie

miteinander verklumpen. Das macht sie zu einem leichten Ziel für die Fresszellen. Zum anderen zerstören andere spezielle T-Lymphozyten (T-Killerzellen) gezielt infizierte Zellen und verhindern dadurch die Vermehrung der Erreger.

Das **Immungedächtnis** beruht auf der Produktion sogenannter T- und B-Gedächtniszellen, die auch nach der Infektion erhalten bleiben. Dadurch werden bei der nächsten Infektion mit dem gleichen Erreger die Abwehrmechanismen besonders schnell aktiviert und es kommt in der Regel nicht zum Ausbruch der entsprechenden Krankheit.

## 11.3 Auswirkungen von Sport auf das Immunsystem

Unter anderem durch die Ankurbelung des Stoffwechsels und die Ausschüttung spezieller Hormone (siehe S. 71 f.), die das Immunsystem anregen (z. B. Adrenalin), hat Sport prinzipiell einen positiven Einfluss auf das Immunsystem. Sind die Belastungen allerdings zu hoch, kehrt sich der Effekt um. Vor allem zu intensives Ausdauertraining führt zu einem Absinken der Leukozytenzahl im Blut, was das sogenannte **Open-Window-Phänomen** bedingt. Darunter versteht man ein erhöhtes Erkrankungsrisiko im Anschluss an große sportliche Belastungen. Eine Rolle spielen dabei unter anderem Stress, unzureichende Regeneration, Fehlernährung sowie ungünstige Klimafaktoren (Hitze, Kälte).

# 12 Hormone

Für den geordneten Ablauf der Stoffwechselfunktionen im Körper sorgen unter anderem die Hormone.

**Hormone** sind biochemische Botenstoffe, die in spezialisiertem Gewebe (Hormondrüsen) gebildet und über das Blut zu den Zielorganen transportiert werden.

Gemäß ihrer chemischen Struktur werden **Peptidhormone** (mit Eiweißstruktur) und **Steroidhormone** (mit Lipidstruktur) unterschieden.

## 12.1 Hormonrezeptoren

Hormone werden über den Blutkreislauf zu den Zielorganen transportiert, wo sie über Hormonrezeptoren ihre Wirkung entfalten. Die Rezeptoren sind **hormonspezifisch**, d. h., sie reagieren nur auf bestimmte Hormone. Zellen ohne passende Rezeptoren sind von der Hormonwirkung nicht betroffen. Häufig besitzen eine Zelle bzw. ein Organ Rezeptoren für mehrere Hormone, sodass deren Stoffwechselleistung von mehreren Hormonen gesteuert werden kann. Die Zahl der Rezeptoren einer Zelle bestimmt ihre Empfindlichkeit, d. h., je mehr Rezeptoren eine Zelle aufweist, desto mehr Hormonmoleküle können gebunden werden und desto größer ist der physiologische Effekt. Im Normalfall verliert ein Hormon nach der Bindung an den Rezeptor seine Wirkung und wird völlig inaktiviert. Daher muss der Körper ständig neue Hormone produzieren.

## 12.2 Hormondrüsen

Die Hormone werden von bestimmten Drüsen produziert und ins Blut abgegeben. Wichtige **Hormondrüsen (endokrine Drüsen)** sind der Hypothalamus (Teil des Zwischenhirns) und die Hypophyse (Hirnanhangsdrüse), aber auch die Bauchspeicheldrüse mit den Langerhans'schen Inseln, die Nebennieren, die Schilddrüse und die Eierstöcke bzw. Hoden.
Die Hormondrüsen sind hierarchisch organisiert und der Hypothalamus nimmt zusammen mit der Hypophyse eine übergeordnete Stellung ein: Von hier wird die Hormonproduktion der übrigen endokrinen Drüsen gesteuert.

Hormone lassen sich auch nach ihrer Funktion strukturieren:
- **Hypophyseotrope Hormone** (Releasing- oder Inhibiting-Hormone): Sie werden im Hypothalamus gebildet und fördern bzw. hemmen die Freisetzung von glandotropen Hormonen.
- **Glandotrope Hormone:** Sie werden in der Hypophyse produziert und wirken auf die Hormonproduktion der peripheren endokrinen Drüsen.
- **Glanduläre Hormone:** Sie werden vor allem in den endokrinen Drüsen gebildet und wirken direkt auf ihre Zielzellen. Dabei entsteht durch ihre Konzentration im Blut eine Rückmeldung an den Hypothalamus und damit ein Regelkreissystem.

## 12.3 Hormonfunktionen

Zu den unzähligen Vorgängen, die Hormone im Körper steuern, zählen unter anderem die Blutzellenbildung, das Wachstum und die Regulation des Blutzuckerspiegels. Viele dieser Mechanismen können durch die

Zuführung von Hormonen von außen im Zuge von Dopingmaßnahmen manipuliert werden, mit dem Ziel, so die körperliche Leistungsfähigkeit zu verbessern (siehe auch S. 140 ff.).

- Das durch Dopingfälle wohl bekannteste Hormon ist das **Erythropo(i)etin** (**EPO**, siehe auch S. 141 ff.), das unter anderem die Bildung roter Blutkörperchen anregt, wodurch der Sauerstofftransport verbessert wird.
- **Somatotropin** (**HGH** = **Human-Growth-Hormone** = menschliches Wachstumshormon) fördert beispielsweise den Muskelaufbau.
- **Testosteron** fördert unter anderem ebenfalls den Muskelaufbau und beschleunigt Anpassungs- und Erholungsvorgänge.
- Auch das in den β-Zellen der Langerhans'schen Inseln der Bauchspeicheldrüse gebildete **Insulin** steht auf der Liste der verbotenen Dopingmittel. Es regt Zellen (vor allem in Leber und Muskulatur) zur Aufnahme von Glucose (Traubenzucker) aus dem Blut an und bewirkt dadurch die Senkung des Blutzuckerspiegels. Die gebildeten Glykogenspeicher können später (z. B. unter Vermittlung des Hormons Glukagon, das die Erhöhung des Blutzuckerspiegels bewirkt) wieder zur Energiegewinnung genutzt werden. Ein Insulinmangel (Typ 1: in der Regel genetisch bedingt) oder eine Unempfindlichkeit der Insulin-Rezeptoren (Typ 2: häufig durch Bewegungsmangel und Fehlernährung provoziert) können zur Stoffwechselkrankheit **Diabetes** führen, die durch einen krankhaft erhöhten Blutzuckerspiegel gekennzeichnet ist. Beim Doping wird Insulin vor allem zur Unterstützung anderer Substanzen eingesetzt.
- Um zur Leistungssteigerung den Blutzuckerspiegel künstlich zu erhöhen und den Abbau von Glykogen in der Leber zu verstärken, werden **Glucocorticoide**, vor allem Cortisol und Corticosteron, von außen zugeführt. Vom Körper werden sie in der Nebenniere gebildet, wo auch die Hormone **Adrenalin** und **Noradrenalin** produziert werden, die unter anderem den Fettstoffwechsel und die Durchblutung der Skelettmuskulatur unterstützen.

Generell ist das Hormonsystem eng mit der sportlichen Leistungsfähigkeit verknüpft. Denn zum einen wird die Leistungsfähigkeit stark vom Hormonhaushalt bestimmt, zum anderen verändert sich die Ausschüttung von Hormonen durch Training.

# 13 Energiestoffwechsel

Unter dem Begriff **Energiestoffwechsel** werden die abbauenden Stoffwechselvorgänge zusammengefasst, die der **Energiegewinnung** dienen. Im Gegensatz dazu umfasst der **Baustoffwechsel** die energieaufwendigen Vorgänge, die dem Aufbau von Körpersubstanz dienen.

Im menschlichen Organismus gibt es drei Hauptformen der Energiebereitstellung, die jedoch niemals isoliert in Erscheinung treten:

- Anaerob-alaktazid durch den Abbau von ATP (Adenosintriphosphat) und KP (Kreatinphosphat).
- Anaerob-laktazid durch Glucoseabbau im Zuge der Milchsäuregärung.
- Aerob-alaktazid durch den Abbau von Glucose über die Glykolyse und das anschließende Einschleusen der Abbauprodukte sowie von Fett- und Aminosäuren in den Zitronensäurezyklus und die Atmungskette, wo sie oxidiert werden.

Ausdauertraining oder Sport als Methode zur Gewichtsabnahme werden in der Regel mit eher niedrigen Intensitäten durchgeführt, da so der Organismus daran gewöhnt wird, die für den Fettstoffwechsel benötigten Enzyme in ausreichender Menge bereitzustellen. Mithilfe dieser sogenannten angepassten Enzymkinetik werden die Glykogenvorräte für Zwischen- oder Endspurts geschont bzw. können Belastungen mit einem relativ hohen Anteil an Fettstoffwechsel bewältigt werden.
Bei Spielsportarten wie z. B. Fußball kommt es wegen der ständig wechselnden Beanspruchungen durch den typischen Spielverlauf zu großen Schwankungen bei den energieliefernden Prozessen. Ein einheitliches Profil ist nicht zu beschreiben. Phasen maximaler Intensität folgen Gehpausen oder leichter Trab, wobei regeneriert werden kann. Spurts über 60–70 m können Phasen intensiver Abwehrarbeit (aggressives, laufintensives Forechecking) folgen.

## 13.1 Anaerobe Energiebereitstellung

Bei sportlicher Belastung erfolgt die erste Phase der Energiebereitstellung **anaerob-alaktazid**. Das bedeutet, dass kein Sauerstoff benötigt wird (anaerob) und kein Laktat (Salz der Milchsäure) anfällt.

- Universelle Energiequelle im Körper ist das **ATP (Adenosintriphosphat)**. Durch Abspaltung von Phosphat (P; mithilfe der Enzyme ATPasen) wird die im Molekül gespeicherte chemische Energie freigesetzt und kann beispielsweise für die Verrichtung von Muskelarbeit genutzt werden:

  ATP → ADP (Adenosindiphosphat) + P + Energie

  Nach in der Regel 2–3 Muskelkontraktionen ist der ATP-Vorrat im Muskel allerdings bereits erschöpft. Da der Körper aber nur ATP nutzen kann, muss der Stoff sehr schnell nachgeliefert werden.
- Im Muskel befindet sich dafür noch der (Zwischen-)Energieträger, **KP (Kreatinphosphat)**. Dessen Phosphat kann abgespalten und anschließend für die Resynthese von ATP aus ADP genutzt werden:

  KP + ADP → Kreatin + ATP

Die ATP- und KP-Vorräte stehen bei Belastung quasi sofort zur Verfügung. Zusammen reichen sie bei intensiver Anstrengung für ca. 8–20 Sekunden.

Nach dieser Phase erfolgt die weitere Energiebereitstellung, d.h. die Produktion von ATP, zunächst überwiegend **anaerob-laktazid**. Glucose (Traubenzucker), die direkt durch die Nahrungsverdauung ins Blut gelangt oder aus den Glykogenspeichern des Körpers stammt, wird im Zuge der **Milchsäuregärung** zunächst zu Pyruvat (im Prozess der **Glykolyse**) und anschließend zu Laktat abgebaut. Diese Stoffwechselvorgänge erfolgen mit hoher Geschwindigkeit und ohne Mitwirkung von Sauerstoff. Die Energieausbeute ist mit nur **2 ATP-Molekülen** pro Glucosemolekül allerdings sehr gering:

1 Glucose + 2 P + 2 ADP → 2 Milchsäure + 2 ATP

Das Laktat ist der limitierende Faktor für diese Reaktion: Je höher die Intensität, desto mehr Laktat fällt an und desto schneller tritt eine Überschreitung der Pufferkapazität des Blutes und damit eine **Übersäuerung** des Blutmilieus ein **(Azidose)**, was zwangsweise zum Abfall der Leistung führt. Das Maximum der anaerob-laktaziden Energiegewinnung liegt folglich bei ca. 40–50 Sekunden (z. B. 400-m-Lauf).
Laktat kann zwar vom Körper wieder abgebaut werden, allerdings nur bis zu einer gewissen Kumulation (Anhäufung). Wird die **anaerobe Schwelle** erreicht, also die Schwelle, an der sich Laktatproduktion und -abbau gerade noch im Gleichgewicht befinden, liegt das sogenannte **maximale Laktat-Steady-State** (maxLass oder MLSS) vor.

## 13.2 Aerobe Energiebereitstellung

Bei niedrigen bis mittleren Belastungsintensitäten, die länger als 1–2 Minuten andauern, tritt die **aerob-alaktazide** Energiebereitstellung unter Verwendung von Sauerstoff in den Vordergrund.
Diese Form der Energiebereitstellung erfolgt über eine Vielzahl an enzymgesteuerten Reaktionsschritten. Dabei werden grundsätzlich Nährstoffe (insbesondere Kohlenhydrate und Fette, aber auch Eiweiße) zu aktivierter Essigsäure ab- oder umgebaut. Diese bildet wiederum die Grundlage für den Zitronensäurezyklus und die Atmungskette, durch die große Mengen an ATP produziert werden.

**Aerob-alaktazide Energiebereitstellung am Beispiel der Glucose**

- In der Muskelzelle liegt der für die Energiebereitstellung notwendige Traubenzucker als Glykogen vor. In Prozess der Glykogenolyse werden von diesem kettenförmigen Molekül die Glucosemoleküle abgespalten. Darauf folgt unmittelbar die Spaltung des Traubenzuckers, die **Glykolyse**. Dabei entstehen aus einem Glucosemolekül, das 6 Kohlenstoffatome (C-Atome) enthält, letztendlich 2 **Pyruvatmoleküle (Brenztraubensäure)** mit je 3 C-Atomen. Der dabei anfallende Wasserstoff ($H^+$-Ionen) wird auf $NAD^+$-Moleküle übertragen, wodurch $NADH/H^+$ entsteht. Außerdem werden in diesem Schritt pro Glucosemolekül 2 ATP-Moleküle gebildet.
  Anschließend wird das Pyruvat zu **aktivierter Essigsäure (Acetyl-CoA)** umgewandelt. Dabei fällt wiederum Wasserstoff an, der auf $NAD^+$ übertragen wird.
- Dann folgen die Reaktionen, die man als **Zitronensäurezyklus** zusammenfasst. Sie laufen in den **Mitochondrien** ab. Im Verlauf des Zyklus wird das Acetyl-CoA schrittweise zu Kohlenstoffdioxid ($CO_2$) und Wasser abgebaut. Auch hier werden wieder $NADH/H^+$-Moleküle gebildet und es entsteht ein ATP pro Acetyl-CoA-Molekül.
- Abschließend folgt die **Atmungskette**, in der die Wasserstoffionen und Elektronen des $NADH/H^+$ letztendlich auf Sauerstoff ($O_2$) übertragen werden. Dabei entstehen Wasser, $NAD^+$ sowie große Mengen an ATP. Auch die Komponenten der Atmungskette sind in den **Mitochondrien** lokalisiert.

In der Bilanz entstehen bei den oben genannten Prozessen, die zusammengefasst als **Zellatmung** bezeichnet werden, aus 1 Glucosemolekül unter Einsatz von 6 $O_2$-Molekülen 6 $CO_2$-, 6 $H_2O$- sowie **38 ATP-Moleküle:**

$$1\ \text{Glucose} + 38\ \text{ADP} + 38\ \text{P} + 6\ O_2 \rightarrow 6\ H_2O + 6\ CO_2 + 38\ \text{ATP}$$

Das bedeutet, dass etwa 40 % der insgesamt frei werdenden Energie von ca. 2 880 kJ in Form von ATP gespeichert werden können (Wirkungsgrad von etwa 40 %). Der Rest der Energie trägt in Form von Wärmeenergie zur Aufrechterhaltung der Körpertemperatur bei oder wird abgestrahlt (siehe auch S. 78 f.).
Der Prozess der Zellatmung ist also recht träge, aber sehr ökonomisch und auch die Stoffwechselendprodukte sind unproblematisch.

Wenige Minuten nach Belastungsbeginn sind Sauerstoffaufnahme und Sauerstoffverbrauch in der Regel im Gleichgewicht, dem sogenannten **Sauerstoff-Steady-State**. Wird für den Energiestoffwechsel mehr Sauerstoff benötigt, als der Körper aufnimmt, kommt es zu einem **Sauerstoffdefizit**. Ist dieses zu hoch, muss entweder die Belastung abgebrochen oder die Intensität zumindest so weit gemindert werden, dass eine aerobe Energiegewinnung noch möglich ist.

### Nutzung anderer Nährstoffgruppen für die Zellatmung

Im Prozess der Zellatmung können neben der Glucose auch die Abbauprodukte der Proteine und der Fette, also die Aminosäuren und die Fettsäuren, verwertet werden.

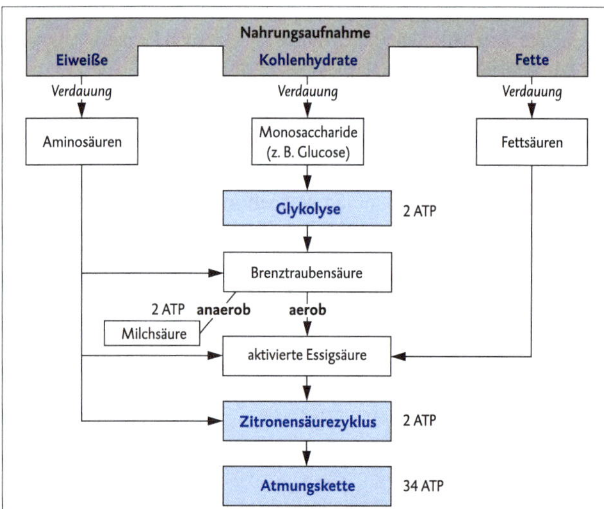


*Abb. 33: Stark vereinfachte Übersicht über die Prozesse der anaerob-laktaziden und der aerob-alaktaziden Energiebereitstellung*

Im Gegensatz zu den begrenzten Glykogenvorräten in Muskel und Leber sind die Fettvorräte in der Muskulatur und vor allem im Unterhautfettgewebe auch bei sehr schlanken Sportlerinnen und Sportlern enorm groß und ermöglichen so Ausdauerleistungen niedriger Intensität von mehreren Stunden. Allerdings wird bei der aeroben Fettsäureverwertung mehr Sauerstoff benötigt als bei der aeroben Glucoseverwertung, sodass sie im Vergleich dazu im Normalfall in den Hintergrund tritt. Bei sehr lange andauernden Ausdauerbelastungen mit niedriger Intensität macht die Verstoffwechselung von Fetten allerdings den Großteil der Energieversorgung aus.
In der Ratgeber-Literatur findet man des Öfteren den Hinweis, dass ein intensives Training besser zum Abnehmen geeignet sei als Training mit niedriger Intensität. Der relative Anteil des Fettstoffwechsels sei dabei zwar geringer, die absolut verbrauchte Fettmasse jedoch höher.

| Training mit niedriger Intensität | Training mit hoher Intensität |
|---|---|
| Gesamtenergie: 800 kcal | Gesamtenergie: 1 800 kcal |
| Anteil Fettstoffwechsel: 80 % | Anteil Fettstoffwechsel: 40 % |
| Verbrannte Fette: 640 kcal | Verbrannte Fette: 720 kcal |

*Tab. 7: Vergleich des Fettstoffwechsels bei verschiedenen Trainingsintensitäten*

Prinzipiell ist die Aussage richtig, allerdings muss beachtet werden, dass bei höherer Intensität nicht nur die Ausschüttung von Stresshormonen (z. B. Adrenalin und Noradrenalin) höher ist, sondern auch eine erhöhte Belastung für den gesamten Gelenkapparat auftritt. Außerdem fällt die Motivation erheblich schwerer und die positiven psychischen Faktoren können sich in ihr Gegenteil umkehren, da man sich von hoch intensivem Training auch mental erholen muss.

## 13.3 Ernährung

Um bei sportlichen Belastungen durch einen reibungslos funktionierenden Energiestoffwechsel möglichst optimale Leistungen erbringen zu können, ist eine sinnvolle Ernährung notwendig:

- Vor allem bei Ausdauersportarten ist es schon am **Tag vor der Belastung** zweckmäßig, die Glykogenspeicher durch die Aufnahme gesunder Kohlenhydrate aufzufüllen.
- **Während der Belastung** sollte darauf geachtet werden, dem Körper leicht verdauliche und damit schnell verwertbare Kohlenhydrate

zuzuführen. Dabei ist auf kleine Portionsgrößen Wert zu legen, damit das Verdauungssystem nicht überfordert wird und es nicht zu einer zu starken Umverteilung des Blutes zugunsten der Verdauungsorgane und zulasten der Muskulatur kommt. Darüber hinaus muss der Flüssigkeits- und Elektrolytverlust ausgeglichen werden, der vor allem bei hohen Umgebungstemperaturen durch das Schwitzen und die Verdunstung von Flüssigkeit über die Schleimhäute der Atemwege erfolgt. Dies sollte durch mineralstoffreiche Getränke geschehen.

- **Nach der Belastung** müssen die Glykogen- und die Flüssigkeitsspeicher des Körpers wieder aufgefüllt werden, um eine optimale Regeneration zu gewährleisten. Daneben sollten auch proteinreiche Nahrungsmittel auf dem Speiseplan stehen, um Muskelaufbau zu ermöglichen.

# 14 Temperaturregulation

Als gleichwarmes Lebewesen ist der Mensch mit der Fähigkeit ausgestattet, seine Körpertemperatur umfassend zu regulieren und dadurch relativ konstant zu halten.
Für die Messung der Körpertemperatur sind **Temperaturrezeptoren** in der Haut und im Körperkern verantwortlich. Die Verrechnung der entsprechenden Informationen erfolgt im **Hypothalamus**. Wenn der Ist-Wert aufgrund von Störgrößen vom Soll-Wert abweicht, werden regulierende Maßnahmen ergriffen (siehe S. 79 f.).
Störgrößen, die auf die Körpertemperatur wirken und die Thermoregulation nötig machen, sind beispielsweise:

- hohe Umgebungstemperaturen,
- starke Sonneneinstrahlung,
- niedrige Umgebungstemperaturen (z. B. kaltes Wasser),
- starker Wind,
- körpereigene Wärmeproduktion durch erhöhte Muskelaktivität und
- zu warme/nicht ausreichend warme Bekleidung.

## 14.1 Mechanismen der Wärmeabgabe

Prinzipiell kann der Wärmetransport bzw. die Wärmeabgabe im Körper auf verschiedenen Wegen erfolgen:

- **Wärmeleitung:** Dabei wird Wärme entweder durch direkten Kontakt (Konduktion) oder durch Medien wie Wasser oder Luft abgegeben (Konvektion). Beispiele für Konduktion sind die Wärmeabgabe von einem beanspruchten Muskel an das umliegende Gewebe oder von der heißen Stirn an einen Eisbeutel. Konvektion liegt beispielsweise beim Transport von Wärme aus dem Körperkern in die kühleren Extremitäten mithilfe des Bluts vor oder beim „Abtransport" der Körperwärme durch Fahrtwind.

- **Verdunstung:** Durch die Verdunstung von Wasser (z.B. aus Schweiß) auf der Haut oder den Schleimhäuten entsteht Verdunstungskälte. Während Konvektion die Verdunstungsrate erhöht, hat eine hohe Luftfeuchtigkeit zur Folge, dass Verdunstung nur noch eingeschränkt möglich ist.
- **Wärmeabstrahlung:** Dabei wird Wärmestrahlung über die Körperoberfläche an die kühlere Umgebung abgegeben.

## 14.2 Reaktion auf Überhitzung (Hyperthermie)

Bei hohen Umgebungstemperaturen und starker körpereigener Wärmeproduktion tragen verschiedene Mechanismen und Maßnahmen zu einer Konstanthaltung bzw. Wiederabsenkung der Körpertemperatur bei:

- Die **Schweißdrüsen** der Haut werden zur Sekretion (Absonderung) von Schweiß angeregt (Transpiration). Durch die Verdunstung der ausgeschwitzten Flüssigkeit entsteht Verdunstungskälte.
- Eine **Herunterregulierung des Stoffwechsels** führt zur Verringerung der körpereigenen Wärmeproduktion.
- Durch die **Weitung der oberflächennahen Blutgefäße** kommt es zur verstärkten Wärmeleitung aus dem Körperkern und zur erhöhten Wärmeabstrahlung.
- **Verhaltensanpassungen**, wie das Aufsuchen von Schatten, das Trinken von ausreichenden Flüssigkeitsmengen, das Ablegen von Kleidungsstücken oder das Wählen luftiger Kleidung zur Verbesserung der Wärmeabstrahlung und der Konvektion unterstützen diese Mechanismen.

Wenn die Überhitzung zu lange andauert oder die Reaktionen des Organismus nicht ausreichend wirksam sind, kann es zu Hitzeschäden kommen:

- **Sonnenstich:** Durch zu lange intensive Sonneneinstrahlung auf den Kopf- und Nackenbereich kommt es zu einer Reizung der Hirnhäute. Symptome sind unter anderem Nackenschmerzen, Schwindelgefühl,

Kopfschmerzen und Erbrechen. Um einen Sonnenstich zu verhindern, kann das Tragen von Kopfbedeckungen sinnvoll sein.

- **Hitzeerschöpfung:** Durch nicht ausgeglichene Flüssigkeits- und Elektrolytverluste bei großer Hitze kann es zu Kreislaufversagen kommen. Die Körperkerntemperatur liegt bei bis zu 40 °C. Symptome sind beispielsweise starkes Schwitzen, Kopfschmerzen, Schwindel, niedriger Blutdruck und allgemeine Schwäche.
- **Hitzschlag:** Hier kommt es zum Zusammenbruch des Herz-Kreislauf-Systems und zu Störungen des zentralen Nervensystems. Die Körperkerntemperatur liegt bei über 40 °C. Symptome sind unter anderem Abfall des Blutdrucks, schneller Pulsschlag, Aussetzen der Schweißproduktion sowie Bewusstseinsstörungen.
- **Hitzekrampf**: Dabei kommt es zu Krämpfen der Skelettmuskulatur, die durch hitzebedingten Flüssigkeits- und Elektrolytmangel verursacht werden.

## 14.3 Reaktion auf Untertemperatur (Hypothermie)

Im Fall von niedrigen Umgebungstemperaturen ist das oberste Ziel, den Wärmeverlust zu reduzieren und die körpereigene Wärmeproduktion anzukurbeln.

- Durch **Verengung der oberflächennahen Blutgefäße** wird die Wärmeleitung und die Wärmeabstrahlung reduziert.
- Ein **Hochfahren des Stoffwechsels** sorgt dafür, dass erhebliche Mengen an Wärmeenergie frei werden. Für die Aufrechterhaltung einer hohen Stoffwechselrate ist allerdings die Zufuhr großer Energiemengen über die Nahrung notwendig.
- Die beim **Muskelzittern** anfallende Wärmeenergie erhöht die Körpertemperatur zusätzlich.
- Außerdem sind **Verhaltensanpassungen** wie das Aufsuchen von windgeschützten und der Sonne ausgesetzten Flächen oder von beheizten Innenräumen, das Trinken warmer Flüssigkeiten und die Wahl wärmender Kleidung sinnvoll.

Sind diese Maßnahmen nicht erfolgreich, sind Kälteschäden des Organismus die Folge. Bei einer **Unterkühlung** sinkt die Körperkerntemperatur der betroffenen Person unter 35 °C. Symptome einer schweren Hypothermie sind unter anderem Körperkerntemperaturen unter 28 °C, Bewusstseinsstörungen, schwacher Puls sowie Atem- und Kreislaufstillstand.

# Trainingslehre

**Sportliches Training** ist ein planmäßig gesteuerter Prozess, bei dem mit inhaltlichen, methodischen und organisatorischen Maßnahmen, entsprechend der Zielvorstellung, Zustandsänderungen der komplexen sportmotorischen Leistung, Handlungsfähigkeit und des Verhaltens entwickelt werden sollen. (CARL)

Training ist also ein zielgerichteter Prozess, auch wenn damit nicht unbedingt eine **Leistungssteigerung** ins Auge gefasst sein muss. So müssen etwa hochtrainierte Sportler*innen nach ihrer Karriere den Organismus an die geringere Alltagsbelastung gewöhnen, was als **Abtrainieren** bezeichnet wird. Soll ein Leistungszustand konstant bleiben, spricht man vom **Erhaltungstraining**. Training beschränkt sich daher keinesfalls auf den Leistungssport, sondern findet sich auch im Breiten- oder Altersklassensport.
Wenngleich neue Materialien und Bewegungstechniken auf verschiedenste Weisen zu Leistungssteigerungen führen können, hat im Normalfall die Verbesserung des Trainings den größten Anteil an einer Leistungsentwicklung. Jedes Training setzt sich aus bestimmten **Parametern** zusammen, die jedoch unterschiedlich ausgefüllt und gewichtet werden können. Außerdem sollte ein Training grundlegende **Prinzipien** berücksichtigen, damit ein optimaler Erfolg erreicht wird, der seinerseits eng mit **Leistung** verknüpft ist.
Das Training von **Ausdauer** (siehe S. 97 ff.), **Schnelligkeit** (siehe S. 105 ff.), **Kraft** (siehe S. 108 ff.) und **Beweglichkeit** (siehe S. 113 ff.), von denen jeweils verschiedene Formen unterschieden werden können, zielt auf Anpassungserscheinungen im Körper ab. Um diese zu erreichen, eignen sich unterschiedliche Trainingsmethoden. Zusätzlich können auch **Technik** (siehe S. 117 ff.), **Taktik** (siehe S. 121 ff.) und **Psyche** (siehe S. 124 f.) trainiert werden.

## 15 Training – Grundbegriffe

Für die Grobplanung eines Trainings ist es notwendig, sich über verschiedene **Trainingsparameter** klar zu werden. Für deren Planung wiederum stehen bestimmte **Belastungsnormative** zur Verfügung, die je nach Trainingsziel unterschiedlich gewichtet werden müssen.

## 15.1 Trainingsparameter

Entscheidend für die sinnvolle Gestaltung eines Trainings ist es, sich Gedanken über Ziele, Inhalte, Mittel und Methoden zu machen. Je nach Ziel, das in der konkreten Trainingseinheit oder im Trainingszyklus verfolgt wird, dominieren unterschiedliche Parameter. Diese werden in der Regel ständig angepasst, wobei im Hochleistungssport z. B. Verletzungen, im Breitensport eher private oder berufliche Einflüsse eine Rolle spielen.

- **Trainingsziele:** Das, was man mit einem Training erreichen möchte, wird unter dem Begriff Trainingsziel zusammengefasst. Danach richtet sich die Wahl der Inhalte, der Mittel und der Methoden. Trainingsziele können z. B. konditionelle und koordinative, aber auch kognitive (Taktik), psychomotorische und affektive Elemente (z. B. Durchsetzungsvermögen) enthalten. Die Trainingslehre konzentriert sich hauptsächlich auf motorische Lernziele, da konstitutionelle (siehe S. 91) und soziale Komponenten kaum durch sportliches Training gesteuert werden können.
- **Trainingsinhalte:** All das, was man im Training tut, wird als Trainingsinhalte bezeichnet. Dabei spielen die Übungen eine entscheidende Rolle. Allgemeine Übungen schaffen die Basis für Spezialübungen, die zunehmend sportartspezifisch ausgelegt sind und schließlich die wettkampfnahen Übungen ermöglichen.
- **Trainingsmittel:** Alle Instrumentarien und Maßnahmen, die den Trainingsablauf unterstützen, werden als Trainingsmittel bezeichnet. In erster Linie sind damit Sport- und Trainingsgeräte gemeint. Außerdem werden auch organisatorische sowie audiovisuelle, sportmedizinische und psychologische Mittel darunter gefasst.
- **Trainingsmethoden:** Um die gesetzten Trainingsziele zu erreichen, müssen ausgewählte Trainingsmethoden planmäßig eingesetzt werden. Die Dauermethode z. B. dient vorwiegend zur Verbesserung der Grundlagenausdauer (siehe S. 100).

## 15.2 Belastungsnormative

Unter dem Begriff **Belastung** werden die äußeren Anforderungen an eine Person zusammengefasst. Die inneren Reaktionen auf Belastungen werden hingegen als **Beanspruchung** bezeichnet, welche sich auf Dauer in Ermüdung äußert.

**Belastungsnormative** sind Merkmale, die die Reizsetzung während eines Trainings beschreiben. Anhand dieser Normative lassen sich die verschiedenen Trainingsmethoden unterscheiden.

- **Intensität:** Damit wird der Grad der Belastung eines Sportlers bezeichnet. Die Intensität ist beispielsweise maximal, wenn eine Laufstrecke mit maximalem Tempo gelaufen oder in der Beinpresse mit dem höchstmöglichen Gewicht gearbeitet wird. Die Reizintensität (auch Reizhöhe oder Reizstärke genannt) ist in der Regel gut quantifizierbar (messbar); so werden z. B. Trainingsvorgaben für das Schwimmen in Zeit und für das Krafttraining in Gewicht angegeben.
- **Dauer:** Darunter versteht man die Zeitspanne der Einwirkung eines einzelnen Reizes oder auch einer Reizserie innerhalb einer Trainingseinheit. Bei intensiven Trainingsformen ist die Reizdauer recht kurz, beim Ausdauertraining eher lang.
- **Dichte:** Die Reizdichte bestimmt den zeitlichen Ablauf von Belastung und Erholung. Bei langen Pausen ist die Reizdichte gering, wobei die Intensität in diesem Fall oft sehr hoch ist. Kurze Pausen deuten auf eine hohe Reizdichte hin, wobei die Intensität dann zwangsläufig eher gering ausfällt.
- **Umfang:** Aus der Anzahl der Einzelreize pro Trainingseinheit und deren jeweiligem Umfang ergibt sich der (Gesamt-)Reizumfang. Trainingsvorgaben können beispielsweise so aussehen: 2 x 8 x 200 m Schwimmen mit Start alle 2:30 min, sodass sich ein Reizumfang von 40 min oder 3 200 m ergibt. Beim Krafttraining könnte es heißen: 5 x 4 x 100 kg, sodass hier der Trainingsumfang bei 2 t läge.
- **Häufigkeit:** Die Trainingshäufigkeit bezeichnet die Anzahl der Trainingseinheiten pro Zeitintervall (meist Woche). Im Hochleistungssport wird heute in fast allen Sportarten dreimal täglich trainiert. Die Trainingshäufigkeit ist abhängig von der Erholungsfähigkeit des Sportlers, die mit steigender Austrainiertheit zunimmt. Im Anfänger- oder Breitensportbereich kann deshalb nicht so oft trainiert werden wie im Leistungssport.

# 16 Trainingsprinzipien

Als Orientierung für die konkrete Trainingsplanung wurden im Laufe der Zeit sogenannte Trainingsprinzipien erstellt. Der Begriff ist allerdings

nicht exakt umrissen, weshalb keine Einheitlichkeit bei der Auflistung besteht. Tendenziell steigt die Anzahl der Prinzipien (bis zu 23 bei CARL/MARTIN/LEHNERTZ), da versucht wird, möglichst alle Aspekte sportlichen Trainings abzudecken.
Grundlegende Trainingsprinzipien sind die Steigerung, die Kontinuität und die Zyklisierung des Trainings.

## 16.1 Prinzip des wirksamen Belastungsreizes

Beim sportlichen Training kommt es darauf an, die richtige Dosierung der Reize zu finden, um eine Leistungsverbesserung zu erzielen, wobei eine Wirkung bzw. Anpassung erst entsteht, wenn eine individuell unterschiedliche Reizstärke (Schwelle) überschritten wird. Mithilfe der **Reizstufenregel (Roux-Prinzip)** können folgende allgemeingültige Aussagen getroffen werden:

- **Fehlende Reize:** wirkungslos
- **Unterschwellige Reize:** wirkungslos (Alles-oder-nichts-Gesetz)
- **Schwach überschwellige Reize:** anregend, funktionserhaltend, aber keine Steigerung des Leistungsniveaus
- **Stark überschwellige Reize:** bedingen anatomische und physiologische Anpassungsvorgänge und damit eine Steigerung des Leistungsniveaus
- **Zu starke Reize:** wirken lähmend oder sogar schädigend und führen zu einem sinkenden Leistungsniveau

Daraus ergibt sich, dass stark überschwellige Reize den größten Trainingseffekt nach sich ziehen. Die Höhe der Reizschwelle hängt unter anderem von der Konstitution der Sportler*innen und ihrem Trainingszustand ab.
Grundlage des gesamten Trainingsprozesses ist die Fähigkeit des Organismus zur Anpassung an veränderte Umweltbedingungen, die sogenannte **Adaptionsfähigkeit** (auch: **Adaptationsfähigkeit**). Diese Reaktionsfähigkeit des Organismus, die auf einem biologischen Schutz- bzw. Vorsorgemechanismus basiert, macht Leistungssteigerung durch Training erst möglich.

## 16.2 Prinzip der Homöostase und der Superkompensation

Wenn die Belastungsreize so auftreten, dass im Organismus in Summe weder Auf- noch Abbauprozesse wirken, befindet sich der Körper im Gleichgewicht. Dieser Zustand wird als **Homöostase** bezeichnet.

Sportliches Training ist physiologisch betrachtet eine gezielte Störung der Homöostase, da die Reize in der Regel so gesetzt werden, dass es zu Anpassungsprozessen der organischen Strukturen kommt.
Bei Belastung nimmt die Leistungsfähigkeit zunächst mit zunehmender Dauer ab. Bei der anschließenden Regeneration erholt sich der Organismus, sodass die Leistungsfähigkeit nach einer gewissen Zeit wieder das Ausgangsniveau erreicht. In einer dritten Phase kommt es schließlich zu einer Leistungssteigerung über das Ausgangsniveau hinaus. Dies liegt in erster Linie daran, dass die biochemischen Vorgänge nicht spontan gestoppt werden, wenn das Ausgangsniveau erreicht ist, sondern dass es zu einem Mehrausgleich kommt, der sogenannten **Superkompensation**. Nehmen beispielsweise bei einer starken Ausdauerbelastung die Glykogenreserven in den Muskelzellen zunächst ab, wird im Zuge der Superkompensation mehr Glykogen eingelagert, als zuvor in der Belastungsphase verbraucht worden ist.

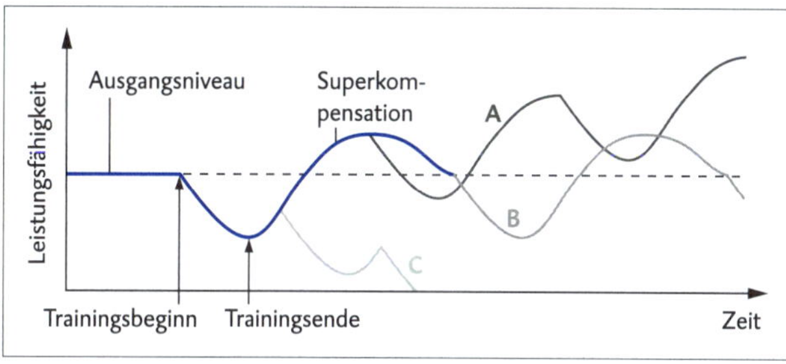


*Abb. 34: Superkompensation und Effekt der Trainingsreizhäufigkeit auf die Leistungsfähigkeit; A: Abstand zwischen Trainingsreizen optimal; B: Abstand zwischen Trainingsreizen zu lang; C: Abstand zwischen Trainingsreizen zu kurz ⇒ Übertraining*

Die unterschiedlichen Strukturen im Körper benötigen allerdings unterschiedlich lange Regenerationsphasen, weshalb die in Abb. 34 gezeigte Kurve nur als idealtypisch angesehen werden kann. Während beispielsweise biochemische Regenerationsprozesse relativ schnell verlaufen und sich auch stark durchblutete Strukturen (z. B. Muskeln) gut regenerieren, benötigen Sehnen mehr Zeit, um sich an ein Training anzupassen, was etwa im Krafttraining berücksichtigt werden muss.
Das übergeordnete Ziel der Trainingsplanung ist somit das Erreichen einer Superkompensation, was mit Leistungsgewinn gleichzusetzen ist. Allerdings sind die Anpassungserscheinungen flüchtig. Wird das Training nicht fortgesetzt, regelt der Organismus seine Leistungsfähigkeit

wieder nach unten. Folgen hingegen adäquate Trainingsreize in sinnvollem zeitlichen Abstand, kommt es zu einer kontinuierlichen Leistungssteigerung. Am besten ist es, dann einen neuen Trainingsreiz zu setzen, wenn die Superkompensation maximal ist. Erfolgt das Training zu selten, stagniert die Leistungsfähigkeit auf dem Ausgangsniveau. Wird hingegen zu häufig trainiert, ist die Regeneration beim Setzen eines neuen Reizes also noch nicht abgeschlossen, führt dies sogar zu einer Abnahme der Leistungsfähigkeit. Diesen Zustand nennt man **Übertraining**.

## 16.3 Prinzip der Kontinuität

Damit Adaptionserscheinungen im Körper auftreten können und erhalten bleiben, sollten Unterbrechungen im Trainingsplan vermieden werden. Wie lang die Unterbrechungen sein dürfen, hängt von dem jeweiligen System ab, das sich angepasst hat. Während sich manche Adaptionserscheinungen über lange Zeiträume hinweg auf- und abbauen (z. B. Sportherz) und somit auch bei Sportabstinenz noch längere Zeit erhalten bleiben, machen sich bei anderen (z. B. beim Energiestoffwechsel) bereits geringe Schwankungen in der Trainingshäufigkeit in die eine oder die andere Richtung bemerkbar.

## 16.4 Prinzip der Steigerung

Damit Training langfristig erfolgreich verlaufen kann, muss eine systematische Steigerung der Trainingsbelastung erfolgen. Diese Steigerung verläuft umso eindeutiger, je untrainierter ein*e Sportler*in ist, und nimmt mit zunehmender Trainiertheit ab. Beispielsweise können bei einem Krafttraining die Belastungen in Form von Gewichten zunächst kontinuierlich gesteigert werden, nach einer gewissen Zeit aber fallen Erhöhungen der Gewichte schwerer. Die Entscheidung, ob in kleineren oder in größeren Schritten gesteigert wird, liegt im individuellen Ermessen und stellt einen wichtigen Parameter bei der Trainingsgestaltung dar. Zu große Steigerungen können Verletzungen provozieren und sollten daher eher im leistungsambitionierten Sport gewählt werden.

## 16.5 Prinzip der Periodisierung und Zyklisierung

Sportler*innen trainieren während des gesamten Jahres, denn Trainingsunterbrechungen bewirken eine Verschlechterung des Trainingszustandes. Die Entwicklung der sportlichen Form unterliegt jedoch biologischen Gesetzmäßigkeiten und verläuft daher nicht geradlinig.

**Sportliche Form** ist der Zustand der höchsten Leistungsfähigkeit, der periodisch in einem gezielten, phasenhaften Entwicklungsverlauf erreicht wird. (MATWEJEW)

Daraus folgt, dass ein*e Sportler*in nicht ununterbrochen Höchstleistungen erbringen kann. Im Trainingsprozess muss dieser phasenhafte Entwicklungsverlauf der sportlichen Form berücksichtigt werden. Das Training wird deshalb einer zyklischen, sich wiederholenden Periodisierung unterworfen, mit dem Ziel, dass die Bestform zu einem gewünschten Zeitpunkt erreicht wird.

Ein **Trainingszyklus** (auch: **Periodenzyklus**), der sich je nach Sportart ein- oder zweimal im Jahr wiederholen kann, wird dabei in drei Perioden eingeteilt:

- **Vorbereitungsperiode:** Diese Periode ist zweigeteilt. In einer ersten Phase steht eine allgemein-konditionelle Vorbereitung im Vordergrund. In der zweiten überwiegen dann sportartspezifische Trainingsinhalte, wobei der Traininigsumfang zugunsten der Intensität reduziert wird. Im Spitzensport kann die erste Phase vernachlässigt werden, da man davon ausgehen kann, dass ein Leistungssportler bereits ein hohes Ausgangsniveau an psychischer und physischer Leistungsfähigkeit mitbringt. In diesem Fall dominiert von Beginn an die wettkampfspezifische Belastung.
- **Wettkampfperiode:** Im Verlauf der Wettkampfperiode soll die in der Vorbereitungsphase erworbene individuelle Höchstform in Wettkämpfen realisiert werden. Durch die Teilnahme an Wettkämpfen soll darüber hinaus die sportliche Form gehalten, stabilisiert und soweit möglich auch weiterentwickelt werden.
- **Übergangsperiode:** In der Übergangsperiode werden Intensität und Umfang des Trainings gesenkt. Damit wird bewusst ein (vorübergehender) Verlust der sportlichen Form in Kauf genommen. Die aktive Erholung (z. B. durch Ausgleichssportarten) und die Regeneration des Sportlers stehen im Vordergrund.
  Der Formverlust ist dabei notwendig und bildet den Ausgangspunkt für eine neue sportliche Form auf höherem Niveau.

Um den Trainingsprozess, insbesondere hinsichtlich einzelner Trainingsinhalte präziser steuern zu können, wird der Periodenzyklus von Vorbereitungs-, Wettkampf- und Übergangsperiode weiter unterteilt. Die Trainingsplanung erfolgt nach kurzfristigen Trainingsabschnitten, sogenannten Mikro- und Makrozyklen.

- Die **Mikrozyklen** erfassen die Planung und Gestaltung einzelner Trainingseinheiten oder einer Trainingswoche. Es erfolgt eine Abstimmung von Intensität und Umfang des Trainings sowie von Belastungs- und Erholungsphasen. Da es hier um überschaubare Zeiträume geht, ist es möglich, sich gegebenen Umständen (aktueller Trainingszustand, Trainingsbereitschaft, klimatische Verhältnisse) kurzfristig anzupassen.
- Die **Makrozyklen** sind unterschiedlich lang. In der Vorbereitungsphase umfassen sie einen Zeitraum von vier bis sechs Wochen, in der Wettkampfphase nur zwei bis vier Wochen. Innerhalb eines Makrozyklus findet die umfassende Planung der Belastungsdynamik statt: Es wird der Wechsel von Belastungsphasen höherer und niedrigerer durchschnittlicher Intensität festgelegt (wellenförmige Veränderung der Trainingsbelastung), ebenso das Verhältnis von Trainingsaufwand und -intensität.

Die Periodisierung eines **Trainingsjahres** kann sich an der Anzahl bzw. den zeitlichen Abständen wichtiger Wettkämpfe in einer Sportart orientieren. Man unterscheidet grundsätzlich zwischen eingipfliger und zweigipfliger Periodisierung.

- Bei der **eingipfligen Periodisierung** füllt der Trainingszyklus den Zeitraum eines Jahres aus.

**Eingipflige Periodisierung**

| | |
|---|---|
| Allgemeine Vorbereitungsperiode<br>Spezielle Vorbereitungsperiode | Dezember bis März<br>April bis Mai |
| **Wettkampfperiode** | Juni bis September |
| Übergangsperiode | Oktober bis November |

*Abb. 35: Beispiel für eine eingipflige Periodisierung*

- Bei der **zweigipfligen Periodisierung** folgen dagegen in einem Trainingsjahr zwei Trainingszyklen aufeinander. Die vorangegangene Form der Periodisierung wiederholt sich im Jahresverlauf also ein zweites Mal. Dennoch enthält die Doppelperiodisierung nicht sechs, sondern nur fünf Trainingsperioden, da die Übergangsperiode I mit der Vorbereitungsperiode II verschmilzt.

**Zweigipflige Periodisierung**

| | |
|---|---|
| Allgemeine Vorbereitungsperiode<br>Spezielle Vorbereitungsperiode | April bis Juni |
| **Wettkampfperiode I** | Juli bis September |
| Allgemeine Vorbereitungsperiode<br>Spezielle Vorbereitungsperiode | Oktober bis Dezember |
| **Wettkampfperiode II** | Januar bis Februar |
| Übergangsperiode | März |

*Abb. 36: Beispiel für eine zweigipflige Periodisierung*

Die eingipflige Periodisierung arbeitet also nur auf einen Höhepunkt im Trainingsjahr hin und kennt somit auch nur eine Wettkampfperiode. In vielen Sportarten (z. B. Schwimmen, Leichtathletik) gibt es jedoch eine Hallen- und eine Freiluftsaison. Im Spitzensport geht deshalb der Trend immer mehr zur zweigipfligen Periodisierung, zumal zu lange Wettkampfpausen bei den Athletinnen und Athleten auch zu Motivationsschwierigkeiten führen können.

## 16.6 Prinzip der optimalen Relation von Belastung und Erholung

Die besten Anpassungserscheinungen erreicht man bei einem optimalen Verhältnis zwischen Belastung und Regeneration. Die Regenerationsprozesse laufen im gesunden Organismus stets gesetzmäßig ab: Im ersten Drittel der Erholungszeit finden ca. zwei Drittel der physischen und psychischen Wiederherstellung statt. Die vollständige Regeneration erfordert jedoch eine relativ umfangreiche Pause.
Diesen Sachverhalt macht man sich in der Trainingspraxis zunutze, indem man zwischen einer unvollständigen bzw. lohnenden und einer vollständigen Pause unterscheidet. Bei der **lohnenden Pause** geht die Herzfrequenz nur um ein Drittel des Höchstwertes nach einer intensiven Belastung zurück. Die Pause ist praktisch im Moment des Erreichens dieser Herzfrequenz beendet und es beginnt ein neuer Trainingsreiz. Lohnende Pausen werden im Ausdauertraining eingesetzt (siehe S. 104), während es beim Maximalkrafttraining, Techniktraining oder Koordinationstraining in der Regel sinnvoll ist, den nächsten Trainingsreiz erst nach einer **vollständigen Pause** zu setzen.

## 16.7 Prinzip der wechselnden Belastung

Trainingsbelastungen sollten systematisch, aber nicht eintönig sein, da ansonsten die Gefahr der körperlichen Überlastung, aber auch des Motivationsschwundes besteht. Außerdem sinkt durch dauerhaft gleichbleibende Reize deren Wirksamkeit, sodass körperliche Anpassungserscheinungen ausbleiben.
Auch wenn es sinnvoll sein kann, Trainingsphasen mit einem bestimmten Schwerpunkt zu gestalten, sollten dennoch andere Aspekte nicht zu kurz kommen. Ein dauerhaftes Training z. B. der koordinativen Fähigkeiten ist nicht sinnvoll, ebensowenig wie etwa ein reines Ausdauertraining nach der Dauermethode (siehe S. 102 f.).

## 16.8 Prinzip der individualisierten Belastung

Da jede*r Sportler*in aufgrund ihrer bzw. seiner jeweiligen Voraussetzungen unterschiedlich auf Trainingsreize reagiert, ist es wichtig, diese individualisiert zu setzen. So müssen z. B. bei gut trainierten Sportlern die Reize höher liegen als bei Gelegenheitssportlern, um noch Adaptionserscheinungen zu erreichen. Dies kann jedoch in einer Phase nach einer Verletzung schon wieder ganz anders aussehen. Da die Individualisierung stark von den personellen und medizinischen Möglichkeiten sowie den fachlichen Fähigkeiten des Trainerstabs abhängt, ist sie so gut wie nie optimal umsetzbar. Dazu kommt, dass sie bei Mannschaftssportarten meist anderen Zielen untergeordnet werden muss.

# 17 Leistung

Sport und Leistung gehören eng zusammen, da jedes Ergebnis einer sportlichen Betätigung eine Form der Leistung ist, selbst wenn es sich dabei nicht um eine „Höchst"-Leistung handelt. Die Leistung, die abgerufen wird, hängt von der **Leistungsfähigkeit** des Einzelnen ab, für die wiederum bestimmte **Leistungsvoraussetzungen** erfüllt sein müssen. Die Leistung(sfähigkeit) eines Sportlers kann durch verschiedene **Tests** überprüft werden, je nachdem, welche Komponente im Vordergrund steht.

## 17.1 Leistungsfähigkeit

Jedem Menschen stehen individuelle (genetisch bedingte) **Leistungsreserven** zur Verfügung, die durch sportliches Training angesprochen und mobilisiert werden können. Während ein*e Untrainierte*r nur etwa 70 % ihrer bzw. seiner **absoluten Leistungsfähigkeit** nutzt, kann diese Schwelle durch Training auf ca. 90 % angehoben werden. Die übrigen 10 % bezeichnet man als **autonom geschützte Reserven**, die beispielsweise der Aufrechterhaltung grundlegender Körperfunktionen (Herzschlag, Atmung etc.) dienen. Durch Doping (siehe S. 136 ff.) oder außergewöhnliche psychische Beeinflussung kann auch auf diese 10 % zugegriffen werden.
Je besser der Trainingszustand, desto mehr kann ein*e Sportler*in also von ihrer bzw. seiner absoluten Leistungsfähigkeit abrufen, man spricht auch vom Grad der Austrainiertheit. Die Steigerung des Leistungspotenzials basiert auf der Fähigkeit des Organismus, sich an die veränderlichen Anforderungen der Umwelt (hier: Trainingsbelastung) anzupassen, damit der ungestörte Ablauf aller Lebensvorgänge gewährleistet ist (siehe z. B. S. 97 ff.).

## 17.2 Leistungsfaktoren

Nach SCHNABEL/HARRE/KRUG setzt sich die individuelle Leistungsfähigkeit aus den **Leistungsfaktoren** Konstitution, Kondition, Koordination/ Technik, Taktik und Handlungskompetenz/Persönlichkeit mit den dazugehörigen **Leistungsvoraussetzungen** zusammen, wobei die einzelnen Faktoren stets in einem engen Verhältnis zu den übrigen Faktoren zu sehen sind.

- **Konstitution:** Die Konstitution umfasst überdauernde, häufig genetisch bedingte Faktoren wie z. B. Gewicht, Körpergröße und -proportionen, aber auch Alter.
- **Kondition:** Die sportliche Kondition setzt sich vor allem aus den leistungsbestimmenden motorischen Fähigkeiten **(konditionellen Fähigkeiten)** Ausdauer (siehe S. 97 ff.) und Kraft (siehe S. 108 ff.) zusammen. Die beiden anderen motorischen Fähigkeiten Schnelligkeit (siehe S. 105 ff.) und Beweglichkeit (siehe S. 113 ff.) nehmen eine Zwischenstellung zwischen den konditionellen und den koordinativ-technischen Fähigkeiten (siehe unten) ein. Die erwähnten Fähigkeiten haben einen entscheidenden Einfluss auf das Erlernen und Ausführen fast aller sportlichen Bewegungen, wobei die energetische Komponente (die Bedeutung der Bereitstellung und Umwandlung von Energie) im Vordergrund steht.

Während beispielsweise Gewichtheber*innen und Marathonläufer*innen recht einseitig ihre Maximalkraft bzw. ihre (aerobe) Ausdauer trainieren, benötigen andere Sportler*innen im Normalfall eine Kombination der konditionellen Fähigkeiten; wobei diese je nach Sportart in unterschiedlichen Ausprägungen und Anteilen auftreten. Daher haben sich zwei grundsätzliche Formen des Konditionstrainings etabliert: Das **allgemeine Konditionstraining** verfolgt eine annähernd gleichmäßige Entwicklung aller konditionellen Fähigkeiten. Das **spezielle Konditionstraining** beschränkt sich auf die Entfaltung sportartspezifischer Fähigkeiten.

- **Koordination/Technik:** In diesen Bereich fallen die koordinativen Fähigkeiten im engeren Sinn (Kopplungsfähigkeit, Differenzierungsfähigkeit, Gleichgewichtsfähigkeit, Rhythmisierungsfähigkeit, Umstellungsfähigkeit, Orientierungsfähigkeit, Reaktionsfähigkeit; S. 16 f.) sowie die Schnelligkeit und die Beweglichkeit als Mischformen zwischen den konditionellen und den koordinativen Fähigkeiten.

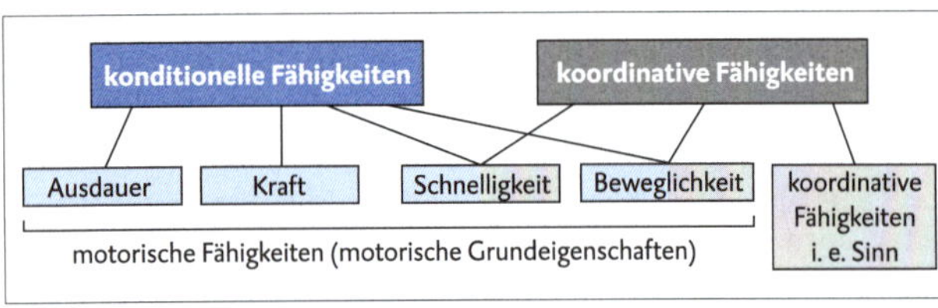


*Abb. 37: Übersicht über die konditionellen und die koordinativen Fähigkeiten*

- **Handlungskompetenz/Persönlichkeit:** Hierzu gehören neben bestimmten Persönlichkeitsmerkmalen auch psychische Eigenschaften (z. B. Willenskraft, Selbstvertrauen, Motivation), Erfahrung sowie taktische Fähigkeiten (siehe S. 121 ff.), also all das, was die Wahrnehmung sowie die Denk- und Entscheidungsprozesse beeinflusst.

## 17.3 Leistungsdiagnostik

Leistungsdiagnostik, also die Überprüfung der Leistungsfähigkeit bzw. der Belastbarkeit einer Sportlerin oder eines Sportlers, hat ihren Platz sowohl vor Beginn als auch innerhalb einer Trainingsphase. Durch die Diagnostik werden Stärken und Schwächen der Sporttreibenden aufgedeckt, woraus sich Hinweise für die Trainingsplanung ergeben.

### Anaerobe Schwelle

Abhängig vom Intensitätsgrad einer sportlichen Ausdauerleistung dominiert entweder die aerobe Energiebereitstellung oder die anaerobe. Getrennt werden diese beiden Bereiche durch die sogenannte **anaerobe Schwelle** (siehe auch S. 74). Der dominant aerobe Ausdauerbereich, der sich unterhalb dieser anaeroben Schwelle befindet, gliedert sich wiederum in einen stark aeroben Bereich und einen aerob-anaeroben Übergangsbereich.

- Der stark aerobe Bereich zeichnet sich dadurch aus, dass sich Sauerstoffaufnahme und -verbrauch die Waage halten, dass also ein **Sauerstoff-Steady-State** (Sauerstoffgleichgewicht, siehe auch S. 76) besteht.
- Im aerob-anaeroben Übergangsbereich kommt es durch Milchsäuregärung zur Bildung von Laktat, das ins Blut abgegeben wird. Es fällt aber nur so viel Laktat an, dass es umgehend wieder abgebaut werden kann und es nicht zu einer Anreicherung kommt. Die Auf- und Abbauprozesse befinden sich also im Gleichgewicht, weshalb von einem **Laktat-Steady-State** gesprochen wird. Das **maximale Laktat-Steady-State** (maxLass oder MLSS, siehe auch S. 74) entspricht der anaeroben Schwelle.

MADER kam 1976 bei der Untersuchung von über 1 000 Sportlern aus unterschiedlichsten Sportarten zu dem Ergebnis, dass das maximale Laktat-Steady-State im statistischen Mittel bei ungefähr **4 mmol Laktat pro Liter Blut** liegt. Dieser Wert wird häufig als fixe anaerobe Schwelle bezeichnet.

Allerdings kann die **individuelle anaerobe Schwelle**, abhängig vom Trainingszustand, aber auch von der Veranlagung, um bis zu 2 mmol Laktat/l Blut von diesem Durchschnittswert abweichen. Aus diesem Grund ist es nicht möglich, allein in Bezug auf dieses statistische Mittel Aussagen zu Leistungsfähigkeit und Trainingsplanung zu treffen.

### Parameter der Leistungsdiagnostik

Neben dem Laktat werden in der Leistungsdiagnostik in der Regel zusätzlich weitere Parameter wie **Herzfrequenz, Geschwindigkeit oder Leistung** gemessen. Auch die individuelle **maximale Sauerstoffaufnahme** ($VO_2$max) kann als Merkmal herangezogen werden. Sie kennzeichnet die Fähigkeit des Blutes (Transport) und der Muskulatur (Verarbeitung), Sauerstoff in einer bestimmten Zeit zu verwerten:

$$VO_2\,max = \frac{\text{Sauerstoffaufnahme (ml)}}{\text{Zeit (min)}}$$

Ermittelt wird die $VO_2max$ durch Ausbelastung (Erreichen der subjektiven körperlichen Belastungsgrenze) bei der Spiroergometrie (Messung von Atemgasen bei körperlicher Belastung).
Bei der relativierten Sauerstoffaufnahmefähigkeit ($rVO_2max$) wird außerdem das Körpergewicht miteinbezogen:

$$rVO_2\,max = \frac{VO_2\,max}{\text{Körpergewicht (kg)}} = \frac{\text{Sauerstoffaufnahme (ml)}}{\text{Zeit (min)} \cdot \text{Körpergewicht (kg)}}$$

Sowohl die $VO_2max$- als auch die $rVO_2max$-Werte liegen bei Hochtrainierten deutlich höher als bei Untrainierten.

Im Radsport und zunehmend auch beim Laufen (Triathlon) wird für die Beurteilung der Leistungsfähigkeit und damit für die Trainings- und Wettkampfsteuerung der sogenannte **FTP-Wert** (*functional threshold power* = funktionelle Leistungsschwelle) herangezogen. Dieser Wert beschreibt die maximale konstante Leistung in Watt, die von einer Sportlerin bzw. einem Sportler über einen Zeitraum von einer Stunde erbracht werden kann.

Zu den am häufigsten verwendeten Tests im Bereich der Ausdauerleistung gehören Laktattests, der CONCONI-Test (mit Intervall-Probst-Test) und der COOPER-Test.

### Laktattests

Laktattests werden in der Regel mithilfe von Standard- und Stufentests durchgeführt, wofür Laufbänder oder Rad- bzw. sonstige Ergometer zum Einsatz kommen. Der Sportler wird dabei steigenden Belastungen ausgesetzt, die je nach Test und Leistungsniveau bis zum erschöpfungsbedingten Abbruch (Ausbelastung) weitergeführt werden. Während des Tests werden in einem festgelegten Intervall der Laktatspiegel im Blut und ggf. auch weitere Parameter gemessen. Die jeweiligen Werte werden in einem Diagramm eingetragen und zu einer Kurve interpoliert. Abschließend werden die Werte zueinander in Beziehung gesetzt.
Werden an einer Person mehrere dieser Tests in geeignetem zeitlichem Abstand voneinander durchgeführt, lässt sich anhand der Verschiebung der Kurven eine Leistungsentwicklung ablesen.

Die folgende Abbildung zeigt die Laktatkonzentration dreier verschiedener Probanden im Verhältnis zu ihrer Laufgeschwindigkeit. Während beispielsweise Sportler 1 bei ca. 16 km/h abbrechen muss, da er aufgrund seines Stoffwechsels zu schnell übersäuert, befindet sich Sportler 3 bei 16 km/h noch annähernd im Laktat-Steady-State. Sportler 3 ist also deutlich ausdauerleistungsfähiger als Sportler 1.

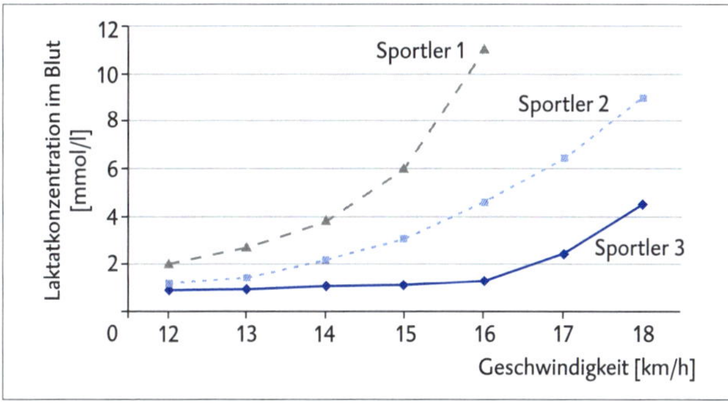


*Abb. 38: Beispiel für die Ergebnisse eines Laktat-Stufentests*

## CONCONI-Test

Die anaerobe Schwelle bzw. das maximale Laktat-Steady-State lässt sich auch mit dem CONCONI-Test annähernd bestimmen.
Bei diesem Verfahren wird der Sportler mit einem Herzfrequenzmesser ausgerüstet. Er muss nun so lange laufen, bis er vor Erschöpfung nicht mehr kann, wobei er langsam beginnt und alle 200 m sein Tempo erhöht. Bei der anschließenden Auswertung der Herzfrequenzkurve versucht man den Punkt zu ermitteln, an dem der zunächst lineare Anstieg der Herzfrequenz unterbrochen wird und es zu einem langsameren weiteren Anstieg kommt. Dieser sogenannte Deflektionspunkt wird als maximales Laktat-Steady-State oder anaerobe Schwelle definiert. Außerdem beschrieb CONCONI eine aerobe Schwelle, die nach ihm 20 Herzschläge pro Minute unter dem Deflektionspunkt läge.
Die Vorteile des CONCONI-Tests sind die einfache Durchführbarkeit und die Übertragbarkeit auf andere Sportarten wie Radfahren oder Schwimmen. Nachteile sind der möglicherweise nicht erfassbare Deflektionspunkt und die dynamische Regulierung der Herzfrequenz. So kann der CONCONI-Test nur eine Näherung an eine Leistungsdiagnostik unter einfachen Bedingungen darstellen.

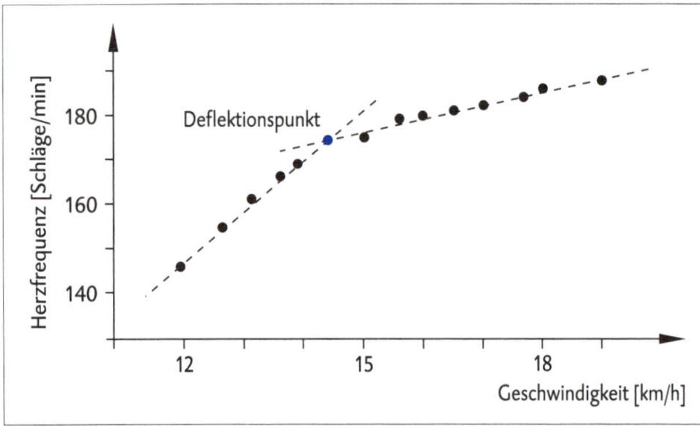


*Abb. 39: Beispiel für die Ergebnisse eines CONCONI-Test mit Deflektionspunkt*

Eine Variante des CONCONI-Tests, mit dem auch die anaerobe Leistungsfähigkeit zumindest grob erfasst werden kann, ist der **Intervall-Probst-Test**, der bei Sportarten mit komplexen Anforderungsprofilen wie Fußball, Handball oder Floorball angewendet wird. Dafür wird mit Hütchen in 10-m-Abständen ein 280 m langer Zick-Zack-Rundkurs abgesteckt. Die Richtungsänderungen (Beschleunigen, Bremsen) sollen den Belastungen in Spielsportarten nahekommen. Mittels akustischem Signal wird das Tempo vorgegeben: Die Sportlerin bzw. der Sportler muss bei jedem Signalton an einem Hütchen sein. Auch bei diesem Test wird das Tempo bis zum Abbruch erhöht und die Herzfrequenz aufgezeichnet. Anschließend kann näherungsweise das maximale Laktat-Steady-State ermittelt werden. Da nach jeder Runde eine Pause von 30 s eingelegt wird, können Aussagen über die Ausdauerleistungsfähigkeit (z. B. Regenerationsfähigkeit, Absinken der Herzfrequenz) getroffen werden. Sollte die Sportlerin bzw. der Sportler auch jenseits des Deflektionspunkts noch nicht abbrechen, deutet dies auf eine gute anaerobe Kapazität hin.

### COOPER-Test

Beim COOPER-Test soll in 12 min eine möglichst weite Strecke zurückgelegt werden. Dieser Test hat den Nachteil, dass der Proband zum einen in der Lage sein muss, 12 min ausdauernd und gleichmäßig zu laufen, zum anderen aber nicht zu durchtrainiert sein darf, da ansonsten keine Aussagen über die aeroben Fähigkeiten getroffen werden können.

# 18 Ausdauertraining

Die äußerst komplexe motorische Grundeigenschaft Ausdauer zählt zu den konditionellen Fähigkeiten (siehe S. 91 f.). Sie kann in erster Linie als „Ermüdungswiderstandskraft" definiert werden und äußert sich im Wesentlichen durch folgende Merkmale:

- relativ lange Aufrechterhaltung einer gewählten Intensität
- verminderte Verluste an Intensität, die durch Ermüdung eintreten
- schnelle Erholung

> Im Sport versteht man unter **Ausdauer** die physische und psychische Widerstandsfähigkeit des Organismus gegen Ermüdung bei körperlichen Belastungen gleich welcher Intensität oder Dauer und die rasche Wiederherstellungsfähigkeit nach der Belastung. (GROSSER)

## 18.1 Biologische Voraussetzungen und Anpassung

Ausdauertraining stellt für den menschlichen Organismus einen Reiz dar, der ihn zu Anpassungsvorgängen veranlasst. So zeigt sich die Ausprägung der aeroben Ausdauer in der Veränderung mehrerer physiologischer Parameter, die in der Mehrzahl das Herz-Kreislauf-System betreffen. Anaerobes Ausdauertraining betrifft dagegen in größerem Ausmaß den Muskelstoffwechsel. Im Folgenden werden einige durch Ausdauerreize hervorgerufene Adaptationen erläutert.

**Anpassungserscheinungen des Herzens und der Blutgefäße**

- Eine der bekanntesten Anpassungserscheinungen an den Ausdauersport stellt das sogenannte **Sportherz** dar. Es handelt sich hierbei rein anatomisch gesehen um eine Herzvergrößerung infolge einer Erweiterung (Dilatation) der Herzkammern und einer Hypertrophie der Herzwände. Das Sportherz besitzt damit ein höheres Gewicht und ein größeres Volumen als ein nicht durch Ausdauertraining stimuliertes Herz.

  Die Zunahme des Herzvolumens führt zu einer Erhöhung des **Herzminutenvolumens**, ermöglicht also einen größeren Blutauswurf pro Herzschlag. So kann das Herz eines Hochleistungssportlers unter Belastung zwischen 30 und 40 l Blut/min pumpen, während der Untrainierte nur ein Herzminutenvolumen von etwa 20 l aufweist. Infolgedessen kann deutlich mehr Sauerstoff transportiert werden, der der Muskulatur für oxidative Vorgänge – also für die Prozesse der aeroben Energiegewinnung (siehe S. 75 ff.) – zur Verfügung steht. Herzgröße und -schlagvolumen stellen somit wesentliche Parameter für die aerobe Ausdauerfähigkeit dar.

- Das größere Herzminutenvolumen führt zu einem Absinken der **Pulsfrequenz** auf in Ruhe unter 50 Schläge/min, bei Weltklasseathletinnen und -athleten sogar auf unter 30 Schläge/min. Im Vergleich dazu liegt der Ruhepuls eines untrainierten Erwachsenen bei etwa 60–80 Schlägen/min. Die geringe Schlagzahl kann gewissermaßen als Schongang bezeichnet werden, der zu einer Entlastung des Herzens führt. Durch die Verringerung der Schlagfrequenz und die Erhöhung des Schlagvolumens arbeitet das Herz ökonomischer und hat bei Belastung größere Leistungsreserven. Bei gleicher Belastung ist deshalb die Pulsfrequenz beim Trainierten deutlich niedriger.
- Ausdauertraining bewirkt darüber hinaus eine **Erweiterung der Koronargefäße (Herzkranzgefäße)**, also der Blutgefäße, die für die Versorgung der Herzmuskulatur mit Nährstoffen und Sauerstoff zuständig sind. Dadurch verbessert sich die Versorgung und das Herz wird leistungsfähiger.
- Durch eine verbesserte **Kapillarisierung** (siehe auch S. 55 f.) im gesamten Körper können alle Organe effizienter versorgt werden. Dies trägt neben dem erhöhten Herzminutenvolumen zum Absinken der Herzfrequenz bei.
- Das erhöhte Herzminutenvolumen, der durch die verbesserte Kapillarisierung bedingte geringere periphere Widerstand und elastischere Gefäße lassen insgesamt den **Blutdruck** sinken. Dies entlastet Herz und Blutgefäße, was von erheblicher gesundheitlicher Bedeutung ist.

### Anpassungserscheinungen des Blutes

- Regelmäßiges Training bewirkt in erster Linie eine Erhöhung des **Blutvolumens**. Diese kann um die 1–2 l betragen. Grund für die Erhöhung ist die verbesserte Wasserbindungsfähigkeit des Blutes, was zu einem Anstieg des Plasmavolumens (siehe auch S. 58 f.) führt. Die dadurch sinkende Viskosität (Zähflüssigkeit) des Blutes erleichtert die Herzarbeit. Zudem trägt das erhöhte Blutvolumen zur Verbesserung der Wärmeregulation bei, weshalb Sportler in der Regel schneller und mehr schwitzen. Auch die chemische Pufferkapazität des Blutes beispielsweise für Laktat nimmt zu, weil sich der Umfang der im Blut befindlichen Puffersysteme erhöht. Dadurch verbessert sich beispielsweise die Laktattoleranz.

- Die Menge der für den Sauerstofftransport verantwortlichen Erythrozyten (rote Blutkörperchen, siehe S. 59) im Blut nimmt zu, sodass die Sauerstofftransportkapazität steigt. Der **Hämatokrit-Wert** (siehe S. 58) sinkt beim Mann aufgrund der Erhöhung des Plasmavolumens im Normalfall trotzdem um rund 3 % (von etwa 45 % auf ca. 42 %).
- Ausdauertraining bewirkt außerdem eine Erhöhung der Menge der für die Muskelkontraktion notwendigen Kalzium- und Kaliumionen sowie eine vermehrte Produktion von **Lymphozyten**, und **Makrophagen** (Riesenfresszellen), die für ein verbessertes Immunsystem sorgen (siehe S. 69 f.).
- Ferner ist der Organismus ausdauertrainierter Sportler*innen besser dazu in der Lage, sein **Blutvolumen umzuverteilen**, um spezifische Belastungen optimaler bewältigen zu können.
- Die große Leistungsfähigkeit von Ausdauertrainierten bewirkt eine allgemeine **Gesundheitsprophylaxe**, in dem Sinne, dass Erkrankungen besser widerstanden wird, Verletzungen schneller heilen und degenerativen Herz-Kreislauf-Erkrankungen vorgebeugt werden kann.

### Anpassungserscheinungen der Atmung

- Durch Ausdauerbelastungen wird die **Kapillarisierung** der Lunge verstärkt, wodurch sich eine Vergrößerung der Austauschfläche zwischen den Kapillaren und den Alveolen ergibt. Dies führt zu einem effektiveren Gaswechsel (siehe S. 61).
- Darüber hinaus kommt es zu einer Kräftigung der **Atem(hilfs)muskulatur** (Zwerchfell und Zwischenrippenmuskulatur, siehe S. 61 f.), die so effizienter arbeitet, woraus sich eine erhöhte Atemleistung ergibt.

  Eine Ursache für Seitenstechen ist eine Minderdurchblutung des Zwerchfells, die durch regelmäßiges Training weitestgehend vermieden werden kann.

### Anpassungserscheinungen der Skelettmuskulatur

- Eine der wichtigsten adaptiven Veränderungen stellt die verbesserte **Kapillarisierung** der Skelettmuskulatur dar. Durch die Zunahme der Zahl der feinen Blutgefäße sowie deren Querschnittsvergrößerung wird die Gesamtaustauschfläche für die Sauerstoff- und Nährstoffaufnahme größer, d. h., die Diffusion wird wesentlich erleichtert.
- Dieser verbesserten Sauerstoffausschöpfung passen sich auch die sauerstoffbedürftigen Energiesysteme der **Muskelzellen** an. Neben einer Vermehrung und Vergrößerung der **Mitochondrien** (Orte der

aeroben Energiegewinnung, siehe S. 75 ff.) und der Aktivitätssteigerung der Enzyme des aeroben Stoffwechsels ist ein Anstieg des Glykogen- und Myoglobingehaltes (intrazelluläre Sauerstofftransporter, siehe S. 59) festzustellen.

- Darüber hinaus führt der kontinuierlich wiederkehrende Bewegungsablauf zu einer Verbesserung der **inter- und intramuskulären Koordination**, d. h., das Zusammenspiel der einzelnen Muskeln (intermuskulär) wie auch das der einzelnen Muskelfasern innerhalb eines Muskels (intramuskulär) wird optimiert. Der gesamte Bewegungsablauf wird dadurch ökonomischer und verbraucht letztlich weniger Energie.

Weitere Veränderungen, auf die an dieser Stelle nicht näher eingegangen wird, betreffen unter anderem das Nervensystem (siehe S. 67), die Knochen (siehe S. 36), die Knorpel (siehe S. 36), die Sehnen (siehe S. 35), das Hormonsystem und nicht zuletzt die Psyche der Sporttreibenden.

## 18.2 Formen der Ausdauer

In den einzelnen Sportarten bestimmen verschiedene Formen der Ausdauer bzw. deren Kombinationen die Leistungsfähigkeit, wobei es unterschiedliche Einteilungs- und Strukturierungsmöglichkeiten gibt:

- Anteil der beanspruchten Muskulatur:
  - **Lokale Ausdauer:** Darunter versteht man die Ausdauer von bis zu 1/6 bis 1/7 der Gesamtmuskulatur einer Person, also einer relativ kleinen Muskelmasse. Diese entspricht z. B. mehr als der Muskelmasse eines Beines, aber weniger als der Muskulatur beider Beine zusammen.
  - **Allgemeine Ausdauer:** Der Einsatz größerer Muskelanteile stellt eine allgemeine Ausdauerbelastung dar.
- Ziel der Ausdauer:
  - **Grundlagenausdauer:** Eine gute Grundlagenausdauer stellt über alle Leistungsbereiche hinweg ein lohnendes Trainingsziel dar. Sie ist elementar für die Entwicklung einer speziellen Ausdauer. Das Grundlagenausdauertraining kann disziplinunabhängig erfolgen, entscheidend ist die geringe Intensität bei großen Umfängen. Eisschnellläufer*innen beispielsweise fahren Rad, Schwimmer*innen laufen und Läufer*innen betreiben Ballsportarten, um in ihrem oft monotonen Training andere Reize zu setzen.

**Grundlagenausdauer** ist die sportartunabhängige Ermüdungswiderstandsfähigkeit bei Langzeitbelastungen unter dem Einsatz großer Muskelgruppen. (JONATH)

In manchen Fällen wird zusätzlich noch zwischen der allgemeinen, der spezifischen und der azyklischen Grundlagenausdauer unterschieden.

- **Spezielle Ausdauer:** Die spezielle Ausdauer baut auf der allgemeinen Ausdauer auf. Sie orientiert sich näher an den individuellen Wettkampfsituationen und ist sportartspezifisch. Je nach Zeitdauer des Wettkampfs kann es zu unterschiedlichen Ausprägungen der speziellen Ausdauer kommen.

**Spezielle Ausdauer** ist die Fähigkeit, eine spezifische Belastung in einem Zeitraum wirkungsvoll auszuführen, der von den Erfordernissen seiner Spezialisierung bedingt ist. (LETZELTER)

Der individuelle Charakter der speziellen Ausdauer ist nicht übertragbar. Radprofis tun sich in der Regel sehr schwer beim Schwimmen, Marathonläufer*innen sind meist schlechte Radfahrer*innen. Allen gemeinsam ist zwar eine sehr gut entwickelte Grundlagenausdauer, ihre Spezialisierung beschränkt allerdings den Transfer. Weitere Faktoren der speziellen Ausdauer sind psychische Eigenschaften (z. B. Entschlusskraft, Willensstärke und Selbstvertrauen), Bewegungsökonomie sowie taktische Fähigkeiten. Daneben bewirkt eine saubere Technik einen ökonomischeren Muskeleinsatz, sodass die gleiche Leistung mit weniger Energie erbracht werden kann. All dies trägt zur Verminderung der Ermüdung bei.

| Grundlagenausdauer | Spezielle Ausdauer |
|---|---|
| • allgemeine aerobe Ausdauer<br>• allgemeine Kraftausdauer<br>• allgemeine Schnelligkeitsausdauer | • spezielle aerobe Ausdauer<br>• spezielle Schnelligkeitsausdauer<br>• spezielle Kraftausdauer<br>• Ökonomie<br>• psychische Eigenschaften |
| Allgemein entwickelnde Übungsformen | Spezielle Übungsformen/ Wettkampfübungsformen |
| • Dauermethoden (siehe S. 102 f.)<br>• Intervallmethoden (siehe S. 104) | |

*Tab. 8: Zusammenhänge der Grundlagenausdauer und der speziellen Ausdauer*

- Dauer der Belastung:
  - **Kurzzeitausdauer:** Hierbei liegt die Dauer der Belastungen etwa zwischen 45 s und 2 min. Dies entspricht z. B. den Schwimmstrecken über 100 und 200 m, den Laufstrecken über 400 und 800 m und einer Bahnradfahrstrecke von 1 000 m. Limitierend für die Kurzzeitausdauer ist die anaerobe Kapazität, und zwar als Schnellkraft- bzw. Schnelligkeitsausdauer. Je mehr sich die Dauer in Richtung der 2 min bewegt, desto bedeutender ist die aerobe Kapazität. Wettkämpfe, die kürzer als etwa 45 s dauern, werden von der Kraft bzw. den Schnelligkeitseigenschaften bestimmt.
  - **Mittelzeitausdauer:** Davon wird gesprochen, wenn für das Zurücklegen einer Strecke zwischen 2 und 11 min benötigt werden. In dieser Zeit legen Eisschnellläufer*innen 3 000 und 5 000 m, Ruderinnen/Ruderer 2 000 m, Schwimmer*innen 800 m und Leichtathletinnen/-athleten 3 000 m zurück. Die Mittelzeitausdauer ist durch eine Mischung aus aerober und anaerober Energiegewinnung geprägt. Auch hier wächst der Anteil der aeroben Kapazität mit der Länge des Wettkampfes. Das entsprechende Training ist bereits sehr stark an der Grundlagenausdauer orientiert, da das anaerobe Ausdauertraining intensiver durchgeführt werden kann, wenn die aerobe Leistungsfähigkeit sehr gut entwickelt ist.
  - **Langzeitausdauer:** In diesen Bereich, der ab einer Zeitdauer von mehr als 11 min anzusetzen ist, fallen Laufstrecken über 5 000 und 10 000 m, der Marathon (auch Ultramarathons), außerdem Schwimmwettkämpfe im Becken über 1 500 m und im freien Gewässer über 5 und 25 km sowie praktisch alle Straßenradsportwettbewerbe, Triathlons und Skilanglaufrennen. Die Bedeutung der anaeroben Kapazität nimmt mit zunehmender Wettkampfdauer immer mehr ab, die aerobe Ausdauer dominiert. Dennoch ist für Leistungssportler*innen dieser Sportarten die anaerobe Kapazität oft entscheidend, wenn es zu Zwischen- oder Endspurts kommt.

## 18.3 Trainingsmethoden

Das Training der Ausdauer basiert in erster Linie auf Dauer-, Wettkampf- und Intervallmethoden.

### Dauermethoden

Die Dauermethoden sind dadurch gekennzeichnet, dass innerhalb einer Trainingseinheit keine Belastungspausen erfolgen. Das Training erstreckt sich über einen relativ langen Zeitraum mit gleichbleibender oder variabler Intensität.

- Die **kontinuierliche Dauermethode** erfordert eine über die gesamte Trainingseinheit hinweg gleichbleibende Intensität. Die Belastung steigt dabei wegen der zunehmenden Ermüdung stetig an. Der Umfang der Belastung beträgt mindestens 30 min und geht bis zu 8 h, etwa bei Radprofis und Triathleten. Um der Belastung standhalten zu können, ist die Intensität des Trainings entsprechend niedrig und liegt bei ca. 50–80 % des maximalen Leistungsvermögens. In manchen Fällen wird noch zwischen der kontinuierlich-extensiven und der kontinuierlich-intensiven Dauermethode unterschieden. Letztere zeichnet sich gegenüber der erstgenannten Methode durch eine geringere Belastungsdauer und eine höhere Belastungsintensität aus.
  Der Nachteil dieser Trainingsform liegt darin, dass das Leistungsvermögen stagniert, wenn diese Methode über einen längeren Zeitraum angewendet wird. Variationen in der Intensität und Kombinationen mit Intervallmethoden sind daher notwendig.
- Die **Tempowechselmethode (variable Dauermethode)** ist gekennzeichnet durch das planmäßige Variieren der Intensität. Beispielsweise wird nach vorgegebenen Zeit- oder Streckenabschnitten das Tempo bis in den anaeroben Bereich gesteigert. Das entstandene Sauerstoffdefizit wird anschließend in Phasen mit geringerem Tempo teilweise oder ganz kompensiert. So kommt es zu einer Verbesserung der anaeroben Kapazität, die für Zwischen- oder Endspurts entscheidend ist.
- Beim **Fahrtspiel** sind die Intensitätswechsel nicht geplant, sondern erfolgen spontan, z. B. an Steigungen oder nach persönlicher Befindlichkeit. Das Spiel mit der Geschwindigkeit kann zu Antritten, Sprints, Koordinationsläufen oder auch Gehpausen führen.

Die Dauermethoden verbessern vor allem die Grundlagenausdauer (allgemeine aerobe Ausdauer). Beteiligt sind alle Energiesysteme, die für die Energiebereitstellung unter Sauerstoffverbrauch verantwortlich sind. Je größer der Umfang des Trainings, desto höher ist der Anteil der Fettverbrennung, weil die Intensität niedrig ist. Intensiveres Training steigert die Fähigkeit des Organismus, die Glykogenspeicher zu mobilisieren. Eine weitere Funktion einer soliden Grundlagenausdauer ist die stark verbesserte Regenerationsfähigkeit nach hohen Belastungen. Daher werden die Dauermethoden auch in nicht rein ausdauerspezifischen Disziplinen angewendet. Außerdem werden die psychischen Komponenten wie z. B. Willenskraft und Durchhaltevermögen geschult.

### Intervallmethoden

Die Intervallmethoden sind von Pausen (Intervalle) geprägt, mithilfe derer sich die Intensität der Trainingsreize trotz großer Trainingsumfänge hochhalten lässt. Die Pausen können aktiv oder passiv, vollständig oder lohnend sein. Die Trainingsvorgaben müssen präziser sein als bei den Dauermethoden. So müssen Angaben bezüglich der Dauer der Einzelübungen, der Dauer und Art der Erholungsintervalle (Reizdichte) und der Anzahl der Wiederholungen (Reizumfang) erfolgen.
Nach Intensität und Umfang werden die intensive und die extensive Intervallmethode unterschieden. Außerdem kann die Wiederholungsmethode hierzu gezählt werden.

- Die **extensive Intervallmethode** zeichnet sich durch geringe bis mittlere Intensität (60–90%) und relativ hohe Umfänge (12–40 Wiederholungen) aus. Die Reizdauer liegt zwischen 15 s und 15 min. Die Pausen werden aktiv gestaltet und sind lohnend. Die Ermüdung kumuliert von Wiederholung zu Wiederholung und von Serie zu Serie. Ein Ziel der extensiven Intervallmethode ist die Steigerung der Sauerstoffaufnahme und somit die Ökonomisierung des Muskelstoffwechsels.
- Die **intensive Intervallmethode** wird vor allem angewendet, wenn hohe Belastungen unter anaeroben Bedingungen erforderlich sind. Dementsprechend ist die Intensität höher (80–90%), aber die Umfänge (10–12 Wiederholungen) sowie die Serienanzahl geringer.
- Die **Wiederholungsmethode** dient ausschließlich der Verbesserung der anaeroben Ausdauer. Die Reize sind maximal oder submaximal (90–100%) und die Umfänge gering (bis zu 6 Wiederholungen). Die Pause ist hier vollständig, da die nächste Belastung mit der gleichen Intensität erfolgen soll wie die vorherige. Die Reizdauer liegt in der Regel unter der Wettkampfdauer, wodurch sogar Intensitäten von über 100% (supramaximales Training) vorkommen können. Durch die maximalen Intensitäten kommt es zu Anpassungserscheinungen der Energiespeicher (Kreatinphosphat, Glykogen).

### Wettkampf- und Kontrollmethode

Bei der Wettkampf- und der Kontrollmethode liegt der Schwerpunkt auf wettkampfnaher Belastung. Die Belastungsdauer entspricht demnach derjenigen im Wettkampf bzw. ist etwas kürzer oder länger und auch die Intensität ist möglichst identisch.

- Es kann bisweilen sinnvoll sein, **Wettkämpfe** als Aufbauwettkämpfe einzubinden, da hier alle Umstände real sind (z.B. Gegner, Zuschauer) und die psychischen Komponenten (z.B. Durchsetzungsvermögen, Wettkampftaktik und Willenskraft) eine Rolle spielen. Die Ergebnisse spiegeln das Training wider und erlauben Rückschlüsse für die weitere Trainingssteuerung.

- Bei der **Kontrollmethode** wird z. B. die Wettkampfstrecke in Abschnitte unterteilt, die exakt im Wettkampftempo zurückgelegt werden müssen. Sie dient in erster Linie dazu, das Tempogefühl des Sportlers zu entwickeln.

# 19 Schnelligkeitstraining

Schnelligkeit ist eine motorische Grundeigenschaft, die koordinative und konditionelle Komponenten aufweist (siehe S. 91 f.).

> **Schnelligkeit** bei sportlichen Bewegungen ist die Fähigkeit, auf einen Reiz bzw. ein Signal hin schnellstmöglich zu reagieren und/oder Bewegungen bei geringen Widerständen mit höchster Geschwindigkeit durchzuführen. (MARTIN)

Physikalisch lässt sich die Geschwindigkeit (v) als Weg (in m) pro Zeit (in s) beschreiben, die Beschleunigung (a) als Geschwindigkeitsänderung pro Zeit.

$$v = \frac{m}{s} \qquad a = \frac{m}{s^2}$$

Die Geschwindigkeit kann auch als das Produkt aus Beschleunigung und Zeit angesehen werden, wobei die Beschleunigung von der wirkenden Kraft (F) und der Masse (m) des Körpers abhängt.

$$F = m \cdot a$$

Limitierend für die Geschwindigkeit sind bei geringen äußeren Widerständen die Nervenprozesse, bei großen äußeren Widerständen die Kraft.
Für Schnelligkeit stehen in erster Linie die 100-m-Sprinter*innen, jedoch ist die Sprintfähigkeit nur eine Dimension: Einzelne Schnelligkeitseigenschaften treten in Kombination auf (Kraftschnelligkeit, Schnelligkeitsausdauer). Außerdem spielt Schnelligkeit nicht nur in der Leicht-

athletik eine Rolle, sondern beispielsweise auch beim Schwimmen, im Kampfsport oder bei Ballspielen.

## 19.1 Biologische Voraussetzungen und Anpassung

Im Wesentlichen wird die Schnelligkeit durch die Muskelfaserstruktur (FT- und ST-Fasern, siehe S. 33 f.), d. h. die Kontraktionsgeschwindigkeit der unterschiedlichen Fasern bestimmt. Ein weiterer Faktor ist die Geschwindigkeit, mit der eine Impulsübertragung vom Zentralnervensystem in die Peripherie (motorische Endplatte) erfolgt und dort in Bewegung umgesetzt wird. Da all dies im Wesentlichen genetisch festgelegt ist, sind durch Training nur begrenzt Anpassungserscheinungen zu erreichen. Allerdings lässt sich durch regelmäßiges Üben die **intra- und die intermuskuläre Koordination** verbessern, sodass die Bewegungen unbewusster, automatischer und somit schneller ablaufen.
Die Schnelligkeit von Bewegungsabläufen wird schließlich auch von der Muskelelastizität (Dehnbarkeit, Entspannungsfähigkeit), von biomechanischen Prozessen und Faktoren (z. B. ATP- und KP-Gehalt der Muskulatur, Pufferkapazität des Blutes), der Willenskraft, aber auch von der Qualität der Technik bestimmt.

## 19.2 Formen der Schnelligkeit

Grundsätzlich kann Schnelligkeit in einen elementaren und einen komplexen Teil gegliedert werden.

- Unter **elementarer Schnelligkeit** sind die Fähigkeiten zu verstehen, die hauptsächlich von den physischen Faktoren (z. B. Leitungsgeschwindigkeit der Nerven) bestimmt werden. Dazu gehören die einfache Reaktionsschnelligkeit, die azyklische Sequenzschnelligkeit und die zyklische Frequenzschnelligkeit:
  - Die **einfache Reaktionsschnelligkeit** meint die Fähigkeit, auf einen einfachen optischen, akustischen, taktilen oder kinästhetischen Reiz schnell mit einer Bewegung zu reagieren (z. B. Heben der Hand zur Abwehr eines heranfliegenden Balls).
  - Die **azyklische Sequenzschnelligkeit** bezieht sich auf die Ausführung einer einfachen Bewegung ohne oder mit nur einem Umkehrpunkt zwischen dem Anfangs- und dem Endpunkt (azyklisch) ohne großen Kraftaufwand (z. B. Tischtennisschlag).
  - Die **zyklische Frequenzschnelligkeit** ist die Fähigkeit, einfache zyklische Bewegungsfolgen ohne großen Krafteinsatz schnell auszuführen (z. B. Skippings).

- Bei der **komplexen Schnelligkeit** oder **Handlungsschnelligkeit** kommen neben physischen Faktoren verstärkt auch andere Einflüsse wie die Kondition sowie koordinative und taktische Voraussetzungen der Sportlerin bzw. des Sportlers zum Tragen. Sie wird differenziert in die komplexe Reaktionsschnelligkeit, die azyklische Bewegungsschnelligkeit und die zyklische Bewegungsschnelligkeit:
  - Die **komplexe Reaktionsschnelligkeit** ist die Fähigkeit, auf einen einfachen optischen, akustischen, taktilen oder kinästhetischen Reiz unter Entscheidung für eine von mehreren alternativen Handlungsmöglichkeiten (Wahlreaktion) schnell zu reagieren (z. B. in Sportspielen). Die ausgeführte Bewegung kann einfach oder komplex sein.
  - Die **azyklische Bewegungsschnelligkeit** oder Aktionsschnelligkeit kommt im Fall von komplexen azyklischen Bewegungen mit Schnellkrafteinsatz zum Tragen (z. B. Schläge, Würfe, Sprünge, Drehungen).
  - Die **zyklische Bewegungsschnelligkeit** oder Sprintschnelligkeit bezieht sich auf die schnelle Ausführung komplexer zyklischer Bewegungen mit Schnellkrafteinsatz (z. B. Antritte, Beschleunigungsphasen).

## 19.3 Trainingsmethoden

Schnelligkeit unterliegt einer Vielzahl von Einflussfaktoren, von denen nur wenige durch Training beeinflusst werden können. Talent, neurophysiologische und morphologische Voraussetzungen (z. B. Skeletthebel, Muskellängen) und Muskelfasertypenverteilung sind weitgehend genetisch festgelegt.

- Im Zentrum des Schnelligkeitstrainings stehen die **Wiederholungsmethode**, die **Wettkampfmethode** und die **intensive Intervallmethode**. Dabei ist typisch für das Training der Schnelligkeit, dass die Belastungsdauer sehr kurz ist, in der Regel zwischen 6 und 8 Sekunden, und die Intensität hoch. Die Pause zwischen den einzelnen Wiederholungen liegt in der Regel bei mindestens 60 s.
- Ergänzend kommen **Koordinationsübungen** hinzu, wenn es sich um komplexere Schnelligkeitsleistungen handelt.
- Schnelligkeit hat stets einen psychischen Anteil, weshalb auch **psychologische Trainingsmethoden** (siehe S. 124 f.) im Schnelligkeitstraining sinnvoll sind.

# 20 Krafttraining

**Kraft** meint im Sport die Fähigkeit eines Muskels, Widerstände zu überwinden, sie im Gleichgewicht zu halten oder ihnen entgegenzuwirken.

Die motorische Grundeigenschaft Kraft zählt zu den konditionellen Fähigkeiten (siehe S. 91 f.). Physikalisch betrachtet ist Kraft (F) das Produkt aus Masse (m) und Beschleunigung (a).

$$F = m \cdot a$$

Aus dieser Formel lassen sich zwei Möglichkeiten ableiten, die Kraft zu erhöhen: entweder durch größere Masse bei geringen Beschleunigungen (z. B. Bankdrücken) oder durch höhere Beschleunigungen bei kleinen Massen (z. B. Tischtennis). Da mit steigender Maximalkraft (siehe S. 110) eine bestimmte Last (= Masse) mit größerer Beschleunigung und somit mit größerer Geschwindigkeit bewegt werden kann (z. B. Kugelstoßen), ergibt sich ein enger Zusammenhang von Kraft und Schnelligkeit.
Allerdings kann die physikalische Definition von Kraft aufgrund der vielfältigen Erscheinungsformen der Kraft, der Muskelarbeit und der Muskelanspannung nicht einfach auf die physiologische Ebene übertragen werden.

## 20.1 Biologische Voraussetzungen und Anpassung

- **Muskuläre Koordination:** Bereits in den ersten zwei bis drei Wochen eines Krafttrainings nimmt die Maximalkraft zu. Dieser Kraftzuwachs ist hauptsächlich auf eine verbesserte **intramuskuläre Koordination** zurückzuführen, d. h., bei einer willkürlichen maximalen Kontraktion können mehr Muskelfasern kontrahiert werden. Durch ein spezielles Krafttraining (maximale Reize mit geringer Wiederholungszahl) kann auch bei trainierten Sportlern die intramuskuläre Koordination weiter verbessert werden. Auf diese Weise wird eine Maximalkraftsteigerung ohne die mit einer Muskelhypertrophie zwangsläufig verbundene Zunahme des Körpergewichts erreicht. Insbesondere in Sportarten, bei denen es darauf ankommt, möglichst wenig Körpergewicht transportieren zu müssen (z. B. Radsport), oder bei denen es Gewichtsklassen gibt (z. B. Boxen) und gleichzeitig große Kräf-

te notwendig sind, ist dies von Bedeutung. Bei gleicher Muskelmasse bzw. gleichem Muskelquerschnitt wird der Sportler nur aufgrund einer besseren intramuskulären Koordination eine größere Kraft entwickeln können.
Daneben ist auch die Verbesserung der **intermuskulären Koordination**, d.h. des Zusammenspiels verschiedener Muskeln von entscheidender Bedeutung für die Zunahme der Kraft.

- **Muskelquerschnitt:** Die Kraft eines Muskels hängt entscheidend von seiner Querschnittsfläche ab. Wird der Muskelquerschnitt durch ein adäquates Krafttraining erhöht, erhöht sich auch die Kraft des Muskels. Physiologisch ist eine Querschnittszunahme auf die Verdickung der einzelnen Muskelfasern zurückzuführen **(Hypertrophie)**. Dabei ist zu beachten, dass sich vor allem der Querschnitt der FT-Fasern durch Krafttraining vergrößert, weshalb sie einen wesentlich größeren Anteil an der Maximalkraft haben als die ST-Fasern.
  Ob es zu einer Kraftzunahme mittels Hypertrophie kommt, hängt von der Art des Krafttrainings ab: Nur bei ausreichend langer Reizeinwirkung (8–12 Wiederholungen) und mittleren Intensitäten (ca. 40–60 % der Maximalkraft) wird eine Muskelquerschnittszunahme bewirkt. Die bei der Muskelkontraktion entwickelte mechanische Spannung wird als eine mögliche Ursache für das Dickenwachstum der Muskelfasern angesehen. Der erhöhte Stoffwechsel und die nach ihrer trainingsbedingten Beschädigung stärker aufgebauten Feinstrukturen des Muskelgewebes sind die beiden anderen möglichen Ursachen. Alle drei Mechanismen werden durch unmittelbar anschließende Trainings- oder Entspannungsmaßnahmen (z.B. Sauna, Stretching) gestört. Bei einem komplexen Training steht daher das Krafttraining sinnvollerweise am Ende.
  Eine Vergrößerung des Muskelquerschnitts erfolgt erst einige Zeit nach Aufnahme des Trainings. Wie alle durch sportliches Training hervorgerufenen Anpassungen stellt auch die Muskelhypertrophie letztlich einen Vorsorgemechanismus dar, der einen relativen Schutz vor Überlastung gewährleisten soll. Zukünftige intensive Spannungsreize können auf eine größere Zellmasse verteilt werden, wodurch die Belastung der einzelnen Muskelfaser geringer wird.
  Theoretisch könnte die Vergrößerung des Muskelquerschnitts auch auf einer Zunahme der Anzahl der Muskelfasern beruhen, also auf einer Zellvermehrung **(Hyperplasie)**. Dies ist beim Menschen aber bisher nicht nachgewiesen.

## 20.2 Formen der Kraft

Kraft tritt als komplexe motorische Eigenschaft nie isoliert auf, sondern stets in Kombination mit anderen konditionellen Fähigkeiten. So benötigt ein Gewichtheber auch bestimmte Schnelligkeitseigenschaften, während in anderen Sportarten, z. B. im Radsport beim Einzelzeitfahren, eine relativ große Kraft über einen längeren Zeitraum aufrechterhalten werden muss. Kraftformen werden unterschieden in Maximalkraft, Schnellkraft (Sonderformen Startkraft und Explosivkraft), Reaktivkraft und Kraftausdauer. Da diese Formen nicht isoliert voneinander wirken, dient die Unterscheidung vorwiegend der Planung und Steuerung von Krafttraining. Besonders eng verknüpft sind Maximal- und Schnellkraft.

### Maximalkraft

Die Maximalkraft ist die höchste Kraft, die das Nerv-Muskel-System bei maximaler willkürlicher Kontraktion auszuüben vermag. (HARRE)

Man unterscheidet zwischen **statischer** (oder isometrischer) und **dynamischer** Maximalkraft. Statische Kraft ist diejenige, die bei unbeweglichen Widerständen aufgewendet wird und bei der die Länge des Muskels gleich bleibt **(isometrische Kontraktion)**. Bei der dynamischen Kraft hingegen kommt es zu einer Längenänderung des Muskels: Wenn sich der Muskel verkürzt, spricht man von **konzentrischer** Kontraktion, wenn er passiv gedehnt wird (z. B. bei abbremsenden Bewegungen), von **exzentrischer**. Allgemein wird die Maximalkraft als Basisfähigkeit für die anderen Kraftformen angesehen.
Das tatsächliche Kraftpotenzial eines Muskels **(Absolutkraft)** ist nicht willkürlich abrufbar, es bleibt immer eine Kraftreserve in Form von inaktiven motorischen Einheiten. Durch Maximalkrafttraining wird dieses Kraftdefizit vermindert. Die Maximalkraft hängt dabei vom physiologischen Muskelquerschnitt, der intermuskulären Koordination (Koordination zwischen den Muskeln) und der intramuskulären Koordination (Koordination innerhalb eines Muskels, Rekrutierung der motorischen Einheiten) ab. Über jede dieser drei Komponenten kann eine Verbesserung der Maximalkraft erreicht werden.

### Schnellkraft

Die Schnellkraft ist die Fähigkeit, in kürzester Zeit möglichst hohe Kraftwerte bei einer einmaligen größtmöglichen willkürlichen Anstrengung zu entwickeln. (BÜHRLE/ SCHMIDTBLEICHER)

Schnellkraft äußert sich im Gegensatz zur Maximalkraft oder der Kraftausdauer ausschließlich in Verbindung mit Bewegungsabläufen. Sie dominiert in Sportarten, in denen Sprintphasen vorkommen oder in denen es darum geht, Sportgeräte möglichst schnell zu beschleunigen bzw. auf eine möglichst hohe Endgeschwindigkeiten zu bringen. Schnellkraft bildet damit quasi die Schnittstelle zwischen Kraft und Schnelligkeit und wirkt je nach äußerem Widerstand zwischen diesen beiden Polen.

- **Startkraft:** Darunter versteht man den Kraftwert, der 50 ms nach Kontraktionsbeginn erreicht wird. Relevant ist diese Kraft vor allem in reaktionsabhängigen Sportarten, bei denen es darauf ankommt, schon zu Beginn der Muskelkontraktion eine möglichst große Kraft zu erzeugen (z. B. Boxen).
- **Explosivkraft:** Davon spricht man, wenn während eines Kraft-Zeit-Verlaufs die Kraftzunahme (Krafterzeugung) pro Zeiteinheit gegen einen statischen Widerstand maximal ist. Dies ist in den Wurfdisziplinen der Leichtathletik, aber auch in Sportarten wie dem Hoch- oder Weitsprung relevant, bei denen in einer begrenzten Zeitspanne eine maximale Kraftentfaltung notwendig ist.

Die Schnellkraftfähigkeit hängt hauptsächlich von der Muskelfaserverteilung (Anteil der FT-Fasern), vom Muskelquerschnitt und von der intramuskulären Koordination ab.

### Reaktivkraft

> Reaktivkraft ist das Vermögen, bei schnell ablaufendem Dehnungs-Verkürzungs-Zyklus einer Muskelschlinge (Zusammenwirken verschiedener Muskelgruppen bei einem Bewegungsablauf) einen hohen Kraftstoß zu realisieren (BÜHRLE).

In der Dehnungsphase (exzentrische Phase) wird dabei Energie in den elastischen Komponenten der Muskulatur gespeichert, die gegen ihren Widerstand gedehnt werden. In der anschließenden Verkürzungsphase (konzentrische Phase) wird diese Energie wieder freigesetzt, wodurch die Kontraktion zusätzlich unterstützt wird und es zu einer möglichst optimalen Kraftentwicklung kommt (z. B. beim Hock-Strecksprung).
Die Reaktivkraft ist stark abhängig von der Elastizität der Muskulatur, der Bänder und der Sehnen.

### Kraftausdauer

> Kraftausdauer ist die Widerstandsfähigkeit des Organismus gegen Ermüdung bei lang andauernden Kraftleistungen. (Harre)

Die Kraftausdauer setzt sich aus den Komponenten Kraft und Ausdauer zusammen. Vor allem Radsportler*innen und Ruderinnen/Ruderer sind darauf angewiesen, weil sie recht hohe Kraftleistungen über einen längeren Zeitraum erbringen müssen.
Je nach Reizintensität oder Reizumfang tendiert die Kraftausdauer mehr zur Kraft oder mehr zur Ausdauer. Wie die Maximalkraft kann auch die Kraftausdauer dynamisch oder statisch wirksam werden. Die statische Kraftausdauer kommt nur in sehr wenigen Sportarten zur Anwendung (z. B. Schießsport, Abfahrtslauf).
Die Kraftausdauerfähigkeit hängt von der Maximalkraft, den Ausdauerfähigkeiten (in erster Linie Energiestoffwechsel) und der Muskelfaserverteilung (Anteil der ST-Fasern) ab.

## 20.3 Trainingsmethoden

Die Methoden des Krafttrainings lassen sich nach **Trainingsinhalten** (statisch, dynamisch oder kombiniert) oder nach den verschiedenen **Krafteigenschaften** (Maximalkraft, Schnellkraft oder Kraftausdauer) einteilen.

### Trainingsinhalte

- **Statisches (isometrisches) Krafttraining:** Der Muskel/die Muskeln wird/werden angespannt, es ist aber keine Bewegung erkennbar.
- **Dynamisches Krafttraining:** Der Muskel/die Muskeln kontrahiert/kontrahieren und es ist eine Bewegung erkennbar. Diese kann konzentrisch sein, d. h., die Muskulatur verkürzt sich (z. B. Armbizeps beim Beugen), oder aber exzentrisch, d. h., die Muskulatur gibt nach (z. B. Armbizeps beim Ablassen beim Klimmzug).
- **Kombiniertes Krafttraining:** Im Moment der maximalen Kontraktion wird eine ein- bis zweisekündige statische Pause eingelegt.

### Krafteigenschaften

- **Maximalkrafttraining:** Da die Maximalkraft die Grundlage für die anderen Kraftformen darstellt, wird vor allem diese trainiert. Das Training der Maximalkraft ist durch hohe Serien- und Wiederholungszahlen bei submaximalen Lasten (60–85 %) gekennzeichnet. Das Bewegungstempo ist zügig bis langsam und die Serienpause soll ca. 2 min betragen. Entscheidend für den Trainingserfolg ist die völlige Erschöpfung der Muskulatur.
  Bei der Standardmethode werden 3–6 Serien (Sätze) mit 8–10 Wiederholungen und 80 % durchgeführt. Außerdem wird die Pyramiden-

methode eingesetzt: ca. 12 Wiederholungen mit 70 %, dann ca. 10 Wiederholungen mit 80 %, ca. 7 Wiederholungen mit 85 % und ca. 5 Wiederholungen mit 90 % werden mit Pausen von 3–5 min durchgeführt. Diese Methoden dienen der Erhöhung der Maximalkraft durch den Aufbau von Muskelmasse (Hypertrophie).
Beim sog. IK-Training soll die Maximalkraft durch die Verbesserung der intramuskulären Koordination gesteigert werden. Dazu werden bisher inaktive Muskelfasern in die Bewegung eingebunden (Rekrutierung) und aktive Muskelfasern besser angesteuert (Frequentierung). Das Training umfasst wenige Wiederholungen (1–5) bei hohen Intensitäten (80–100 %) und hohen Satzzahlen (5–8) mit einer Pause von ca. 2 min. Dieses intensive Training ist für Einsteiger nicht sinnvoll und findet im leistungsambitionierten Sport Anwendung.

- **Schnellkrafttraining:** Um die Schnellkraft zu verbessern, sind kurzzeitig ausgeführte explosive Maximalkontraktionen gegen sehr hohe Lasten (90–100 %) sinnvoll. Typisch ist folgendes Training: 3 Wiederholungen mit 90 %, 1 Wiederholung mit 95 % und 1 Wiederholung mit 100 %, ehe ein Steigerungsversuch unternommen wird. Die Pause muss wegen der enormen Anstrengung etwa 5 min betragen.
- **Reaktivkrafttraining:** Die Reaktivkraft kann durch sog. plyometrische Trainingsformen verbessert werden. Dabei folgen starke exzentrische und explosive konzentrische Bewegungen direkt aufeinander (z. B. Niedersprünge mit anschließendem Sprung auf einen Kasten).
- **Kraftausdauertraining:** Nur in seltenen Fällen wird die Kraftausdauer spezifisch anders trainiert als durch Maximalkrafttraining. Die Verbesserung der Kraftausdauer erfolgt außer durch eine Steigerung der Maximalkraft durch ein Training der aeroben Ausdauer.

# 21 Beweglichkeitstraining

Beweglichkeit ist die Fähigkeit und Eigenschaft der Sportlerin bzw. des Sportlers, Bewegungen mit großer Schwingungsweite selbst oder unter dem unterstützenden Einfluss äußerer Kräfte durchführen zu können. (WEINECK)

Die Beweglichkeit ist eine motorische Grundeigenschaft, die hauptsächlich koordinative, aber auch konditionelle Komponenten aufweist.
In der Fachliteratur werden als Synonyme häufig die Begriffe Gelenkigkeit und Biegsamkeit verwendet.

## 21.1 Biologische Voraussetzungen und Anpassung

Zu den Faktoren, die die Beweglichkeit beeinflussen, gehören unter anderem:

- **Anatomisch-physiologische Grundlagen:** Bestimmende Faktoren sind z. B. die Form der Gelenkflächen, die Länge und Dehnbarkeit der Muskeln, Sehnen und Bänder sowie die Kraft der Muskulatur, aber auch neurophysiologische Steuerungsprozesse.
- **Alter:** Während es in der Kindheit in der Regel noch möglich ist, extreme Bewegungen in allen Gelenken auszuführen, nimmt die Flexibilität mit zunehmendem Alter durch versteifende, degenerative Prozesse allmählich ab. Aus diesem Grund werden die Sportarten, in denen eine unphysiologische Beweglichkeit quasi notwendig ist (z. B. Turnen, Eiskunstlauf), von sehr jungen Sportlerinnen und Sportlern dominiert.
- **Geschlecht:** Frauen sind tendenziell beweglicher als Männer.

Über funktionelle **Anpassungen** können diese Parameter grundsätzlich beeinflusst werden:

- So nimmt mit steigender **Temperatur** die Elastizität der Muskulatur zu und gleichzeitig folgt eine bessere Gewebedurchblutung.
- **Emotionale Erregung** bei Wettkämpfen und Ermüdung wirken sich hingegen negativ auf die Beweglichkeit aus.
- Durch **Dehnübungen** wird die Elastizität der Muskeln, Sehnen und Bänder erhöht. Im Fall der Muskulatur ist dies unter anderem darauf zurückzuführen, dass die Reizschwelle der Muskelspindeln (Dehnungsrezeptoren, siehe S. 68) herabgesetzt wird, wodurch die Schutzmechanismen, die ein Überdehnen des Muskels verhindern sollen, abgeschwächt werden. Wird die Reizschwelle jedoch zu weit herabgesetzt, steigt das Verletzungsrisiko.

## 21.2 Formen der Beweglichkeit

### Gelenkigkeit und Dehnfähigkeit

Während mit **Gelenkigkeit** die Beweglichkeit der Gelenke bezeichnet wird, versteht man unter **Dehnfähigkeit** die Beweglichkeit der Muskeln, Sehnen und Bänder.

### Allgemeine und spezielle Beweglichkeit

- Die **allgemeine Beweglichkeit** umfasst den normalen Bewegungsumfang der Gelenke, besonders in den drei wichtigsten Gelenksystemen Schulter, Hüfte und Wirbelsäule. Allgemeingültige Angaben über die Bewegungsamplitude können nicht gemacht werden, da Faktoren wie Temperatur, Tageszeit, Alter, Geschlecht und Trainingszustand einen zu großen Einfluss haben.

- Die **spezielle (sportartspezifische) Beweglichkeit** bezieht sich auf bestimmte, für die jeweilige Sportart relevante Gelenke. So ist z. B. das Schultergelenk der Schwimmer*innen oder das Hüftgelenk der Hürdenläufer*innen in der Regel überdurchschnittlich beweglich.

**Statische und dynamische Beweglichkeit**

- Die **statische Beweglichkeit** ist die Fähigkeit, einen möglichst großen Gelenkwinkel eine gewisse Zeit belastet oder unbelastet zu halten (zu stabilisieren).
- Im Gegensatz dazu beschreibt die **dynamische Beweglichkeit** die maximal mögliche Bewegungsamplitude, die durch dynamischen Muskeleinsatz (z. B. Nachfedern) erreicht wird. Sie ist größer als die statische Beweglichkeit.

**Aktive und passive Beweglichkeit**

- Von **aktiver Beweglichkeit** spricht man, wenn bestimmte, zu dem Gelenk gehörende Muskelgruppen das Gelenk aktiv bewegen (eigene Muskeltätigkeit).
- Die **passive Beweglichkeit** entsteht durch die Einwirkung äußerer Kräfte (z. B. Gegner, Schwerkraft). Ihr Bewegungsumfang ist größer als der der aktiven Beweglichkeit.

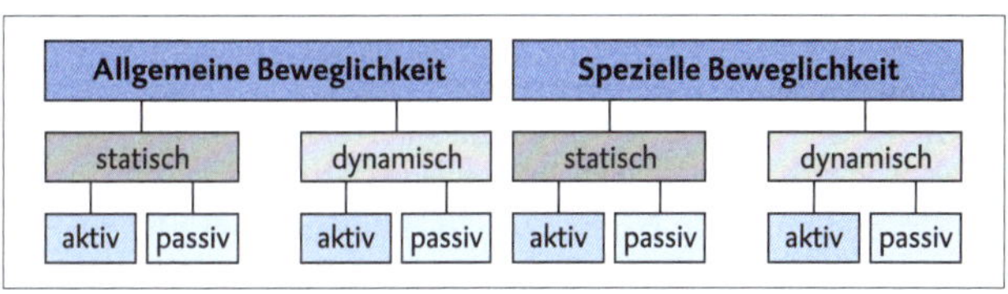


*Abb. 40: Formen der allgemeinen und der speziellen Beweglichkeit*

## 21.3 Effekte und Methoden des Beweglichkeitstrainings

**Effekte des Beweglichkeitstrainings**

Beweglichkeit ist durch **Dehnübungen** zwar recht leicht trainierbar, aber ebenso schnell kehrt die Elastizität von Muskeln, Sehnen und Bändern wieder auf das Ausgangsniveau zurück. Können z. B. infolge von Verletzungen oder Unfällen Gelenke eine Zeit lang nicht bewegt werden, ist die anschließende Mobilisation daher oft sehr zeitaufwendig.

Hat man in seiner aktiven Beweglichkeit die Grenzen der anatomischen Möglichkeiten erreicht, kann jedes Überschreiten dieses Limits zu Schädigungen führen, insbesondere wenn Synergisten und Antagonisten nicht kräftig genug sind, um bremsend zu wirken. Daher ist es absolut notwendig, dass Dehnübungen stets mit Kräftigungsübungen verbunden werden.

Übertriebenes Beweglichkeitstraining kann die Schnelligkeitsfähigkeit ungünstig beeinflussen, weshalb niemals eine optimale Beweglichkeit anzustreben ist. Vielmehr ist es sinnvoll, eine für die jeweilige Sportart hinreichende Beweglichkeit zu erreichen.

Beweglichkeitsübungen haben aber auch eine kompensatorische und prophylaktische Funktion: Intensive sportliche Belastungen führen zu einem erhöhten **Muskeltonus**, der durch Dehnübungen abgebaut werden kann. Vor Kraft- und Schnelligkeitsübungen kann zu diesem Zweck die Muskulatur vorgedehnt werden, wobei zu beachten ist, dass durch langsames Dehnen die Funktion der Muskelspindeln, die vor Überdehnung und Rissen schützen sollen, beeinträchtigt werden kann.

Darüber hinaus bewirkt Beweglichkeitstraining eine **Steigerung der Bewegungsökonomie:** Die Ausführung großräumiger Bewegungen wird möglich, ohne dass dabei ein großer Kraftaufwand für das Ausreizen der Dehnfähigkeit nötig wäre.

Außerdem kommt es zu einer **Verbesserung der intermuskulären Koordination**. Durch das infolgedessen optimierte Zusammenspiel verschiedener Muskeln können Dysbalancen der Muskulatur vermieden werden.

### Dehnmethoden

Prinzipiell kann zwischen dynamischem und statischem sowie zwischen aktivem und passivem Dehnen unterschieden werden:

- Beim **dynamischen Dehnen** wird die Muskulatur durch schwunghaftes, aber kontrolliertes Federn bzw. Schwingen in Dehnung gebracht. Die Dehnposition wird also nicht gehalten, sondern es kommt zur wiederholten Dehnung. Bei der **aktiv-dynamischen** Dehnung führt die Sportlerin bzw. der Sportler die Bewegung selbstständig aus, während bei der **passiv-dynamischen** Methode eine äußere Kraft (z. B. ein*e Trainingspartner*in) die zu dehnenden Körperteile bewegt.
- Beim **statischen Dehnen (Stretching)** erfolgt die Einnahme der Dehnposition langsam und kontinuierlich. Anschließend wird die erreichte Stellung einige Sekunden lang gehalten. Auch hier wird zwischen einer **aktiven** und einer **passiven** Form unterschieden.

Möchte man durch Stretching den Reflex der Muskelspindeln wirksam überlagern, muss die Dehnposition langsam eingenommen und ca. 6–8 s gehalten werden. Danach treten die Golgi-Sehnenorgane in Aktion, die den Muskel weiter erschlaffen lassen. Dies ist für die Sportlerin bzw. den Sportler spürbar, da die Spannung nachlässt und eine erweiterte Stretchingposition eingenommen werden kann, die weitere 10–20 s gehalten werden sollte. Auch das Auflösen der Dehnposition sollte langsam und kontrolliert erfolgen. Da in der Fachliteratur viele verschiedene (und teilweise widersprüchliche) Zeitangaben stehen, dienen diese Angaben allerdings nur als grobe Richtlinie.
Bei den **PNF-Methoden** (Propriozeptive neuromuskuläre Faszilitation) handelt es sich um passives Stretching. Im Fall des **CR-Stretchings** wird der Zielmuskel selbst vor der Dehnung isometrisch angespannt. Durch die isometrische Kontraktion des zu streckenden Muskels entwickelt sich ein starker Spannungsreiz auf die Sehne, wodurch die Golgi-Sehnenorgane die autogene Hemmung des Muskels auflösen. Der erschlaffte Muskel kann dann in die Dehnungsreserve hinein gedehnt werden. Dagegen wird beim **AC-Stretching** der Antagonist während der Dehnung des Zielmuskels isometrisch kontrahiert, wodurch es wahrscheinlich zu einer reziproken Hemmung des Zielmuskels kommt. Das **CRAC-Stretching** ist eine Kombination der beiden Methoden, bei der das AC-Stretching auf das CR-Stretching folgt.

# 22 Techniktraining

Sportliche **Technik** ist ein von der Person losgelöstes, operationalisiertes Grundverfahren der Bewegungsspezifik einer Sportart oder Disziplin und hat die Funktion eines idealtypischen Handlungs- oder Trainingszieles. (MARTIN)

Es gibt in der Trainingslehre keine Definition, die Technik im Sport eindeutig beschreibt, bzw. es gibt unterschiedliche Betrachtungsweisen. Das Verständnis von MARTIN trifft aber auf allgemeinen Konsens.
Zur Technik tragen Erfahrungen, aber auch wissenschaftliche Erkenntnisse (gewonnen z. B. durch Experimente) bei. Sportgeräte und Ausrüstung unterliegen einer ständigen Optimierung, ebenso werden Regeln angepasst und verändert.

Die sportliche Technik liefert eine Bewegungsbeschreibung im Sinne eines idealtypischen Vorbilds, die aber in einem gewissen Maß Anpassungen an den individuellen Stil erlaubt. Gemeint sind beispielsweise Abwandlungen aufgrund persönlicher biomechanischer Merkmale (z. B. Körpergröße, Gliedmaßenlänge). Techniktraining heißt in diesem Sinne, dass sich die objektiven Merkmale einer Technik mit den individuellen Möglichkeiten zu einem Optimum verbinden sollen.

## 22.1 Operationalisierung

Um über typische Parameter und Merkmale einer sportlichen Technik verallgemeinernd Auskunft geben zu können, wird diese operationalisiert, d. h., es werden Kriterien festgelegt, mit deren Hilfe die Technik identifiziert und messbar gemacht wird. Die Biomechanik liefert dafür eine Fülle von Messverfahren (z. B. Videoanalysen, Messungen mit Lichtschranken und Kraftmessplatten, statistische Auswertungen). In der Regel werden für die Untersuchung einzelne kinematische (z. B. Zeit, Länge, Lage, Geschwindigkeit) und dynamische Merkmale (z. B. Brems- und Kraftstöße, Drehmomente, Koordination von Teilimpulsen) herausgegriffen und analysiert. Der Nachteil der Operationalisierung von sportlichen Techniken ist, dass ein Bewegungsablauf auf seine beobachtbaren bzw. messbaren Merkmale reduziert wird, viele Bewegungen aber so komplex sind und so schnell ablaufen, dass große Informationsverluste für den Beobachter entstehen.

## 22.2 Formen des Techniktrainings

Sportliche Techniken basieren auf stabilen technischen Grundmustern (automatisierte, überdauernde technische Fertigkeiten), die auch bei Bewegungskombinationen bzw. sich verändernden, instabilen Ausgangsbedingungen als Bewegungsgrundmuster erhalten bleiben.
MARTIN versucht den Begriff Techniktraining neu zu gestalten: Er differenziert zwei verschiedene Trainingsformen, die in ihren Inhalten, Zielen und Methoden obiges Prinzip berücksichtigen. Bei der einen Trainingsform werden die Fertigkeiten bis zu ihrer Automatisierung gedrillt, bei der anderen folgt die Schulung der variablen Verfügbarkeit:

- **Technikerwerbstraining:** Ziel: Fertigkeitsbesitz
- **Technikanwendungstraining:** Ziel: aufgabenbezogene, situationsangemessene Anwendung einer sportartspezifischen Fertigkeit

Beide Trainingsformen sind als ein ineinandergreifender Prozess zu sehen. Der Schwerpunkt kann je nach Ziel auf dem einen oder dem anderen Bereich liegen:

| | Technikerwerbstraining | Technikanwendungstraining |
|---|---|---|
| **Ziele** | **1. Phase:**<br>• Schaffen eines äußeren Bewegungsgrundbildes einer Fertigkeit<br>• Erlernen dieses Bewegungsgrundbilds in einem biomechanischen Optimum<br>**2. Phase:**<br>• Einschleifen des inneren Bewegungsbildes<br>• Optimieren der Steuerungsmechanismen<br>⇒ Fertigkeitsbesitz als Ziel | • Erweitern des Fertigkeitsspektrums bei Bedingungsvariationen<br>• Verallgemeinerung bestimmter Steuerungsprozesse, deren Übertragbarkeit auf variable Situationen<br>• allgemeine Verfügbarkeit der Fertigkeiten |
| **Methoden** | • allgemeine Methoden des Bewegungslernens, verbunden mit audiovisuellen Hilfsmitteln<br>• Überlernen (Bahnung neuronaler Schaltwege, Automatisierung)<br>• Imitationstraining | • Maßnahmen zur Variation der Bewegungsausführung<br>• Maßnahmen zur Variation der Übungsbedingungen<br>• Übungen unter Wettkampfbedingungen<br>• komplexes Spezialtraining (abwechselnd höhere Anforderungen als im Wettkampf in Bezug auf technisches und/oder konditionelles Niveau) |
| **Grundsätze** | • unter standardisierten, optimalen Bedingungen störungsfreies Wiederholen der zu trainierenden Fertigkeit im biomechanischen Optimum<br>• Training auch unter trainingsbedingten Ermüdungszuständen | • zielgerichtetes Training der Fertigkeit, Variationen der äußeren Bedingungen und der technischen Aufgabenstellung<br>• schnelle und zweckmäßige Anpassung der Bewegungshandlungen an neue, überraschende Situationen |

*Tab. 9: Technikerwerbs- und Technikanwendungstraining*

MARTIN liefert für seine Unterteilung des Techniktrainings auch einen neurophysiologischen Erklärungsansatz (vgl. Modelle zum Bewegungslernen mit informationstheoretischem Ansatz, S. 23 ff.): So sind Techniken und ihre situative Anwendung Ergebnis von Lernprozessen, die in den Strukturen des Zentralnervensystems relativ überdauernde Verän-

derungen bewirken. Die Lösung einer Bewegungshandlung erfolgt nach **Wahrnehmung** einer dazu auffordernden Situation und den damit verbundenen Motivationsprozessen.
Bei sehr schnellen Bewegungen ist der Automatisierungsgrad der Teilhandlungen entscheidend (d. h. ohne Einbezug des Bewusstseins), der davon abhängt, mit welcher Intensität, Qualität und in welchem Umfang eine Bewegung trainiert worden ist. Hierbei greift die Funktion des Technikerwerbstrainings, da diese Programme, die unterbewusst ablaufen und im Kleinhirn (siehe S. 66) gespeichert sind, durch systematisches Einschleiftraining regelrecht gedrillt werden, was Voraussetzung für ihre spätere variable Verfügbarkeit ist.
Zur Bewältigung unerwarteter Situationen tragen das Großhirn und das Kleinhirn bei. Dem Großhirn obliegt dabei die Aufgabe, die Situation einzuschätzen und entsprechende (situationsadäquate) Programme aus dem Kleinhirn abzurufen. Dieses optimale Zusammenspiel – das wechselnde Funktionieren von Denkprozessen, Entscheidungsphasen und Programmabrufen – muss im Technikanwendungstraining geübt werden.

## 22.3 Trainingsmethoden

Techniktraining im Sport heißt Erlernen neuer Bewegungen oder Verbessern und Vervollkommnen bereits erlernter Bewegungen (Bewegungsfertigkeiten = motorische Fertigkeiten). Dies geschieht hauptsächlich durch das Üben der entsprechenden Bewegungsabläufe. Dabei stehen sich in der Praxis zwei kontroverse Meinungen gegenüber: Sollen Sportler*innen ein vielfältiges, variables Bewegungsrepertoire erlernen oder führt auch einseitiges Bewegungstraining zu Spitzenleistungen? Um eine Antwort auf diese Frage geben zu können, muss vor allem auf die Spezifik der Sportarten geachtet werden:
- Sportarten, bei denen eine einzige Technik leistungsbestimmend ist, deren Struktur nicht verändert wird: Hier treten weder positive (Transferenzen) noch negative Übertragungen (Interferenzen) auf. Zu diesen Sportarten zählen die meisten Kraft-, Schnellkraft- und Ausdauersportarten.
- Sportarten, die sich durch eine Vielzahl von Techniken auszeichnen, die jeweils konstante Strukturen aufweisen: Es können positive und negative Übertragungen auftreten (z. B. beim Lagenschwimmen).
- Sportarten mit einer sich ständig verändernden Wettkampfsituation: Hier ist variable Verfügbarkeit der Technik entscheidend (z. B. in Kampfsportarten oder den Sportspielen).

Grundsätzlich lässt sich Technik durch folgende methodische Maßnahmen erlernen bzw. verbessern:

- **Segmentieren:** Herauslösen von Einzelphasen und deren getrennte Schulung; z. B. von Einzelmerkmalen, Details von Bewegungen oder neuralgischen Punkten (Knotenpunkten) mit großer Fehlerquote.
- **Kombinieren:** Verbinden von verschiedenen Einzelphasen einer Technik mit Zusatzlasten. Durch die Hinzunahme von Gewichten wird das Gewichtsgefühl verbessert.
- **Experimentieren:** Durchspielen verschiedener Variationen des Bewegungsverhaltens (z. B. in Spiel- oder Kampfsportarten).
- **Strapazieren:** Anwendung von Stress- oder Extremsituationen, um die psychomotorischen Potenziale besser abzurufen.
- **Theoretisieren:** Bewusstmachen, Beobachten und Vergleichen von Bewegungsabläufen (mentales Training = ideomotorisches Training), wodurch die intellektuelle Ebene angesprochen, d. h. Denkprozesse und andere zentrale Vorgänge einbezogen werden.

# 23 Taktiktraining

Die Taktik stellt in Sportarten mit direktem Gegner*innen*kontakt (z. B. Sportspiele, Kampfsportarten) einen besonderen leistungslimitierenden Faktor dar, spielt aber letztlich in praktisch allen Sportarten eine Rolle.

> **Taktik** umfasst das planmäßige, auf die eigene und gegnerische Leistungsfähigkeit und auf die äußeren Umstände abgestellte Verhalten in einem Einzel- oder Mannschaftswettkampf. (ZECH)

Voraussetzung sind somit technische Fertigkeiten sowie konditionelle, kognitive und psychische Fähigkeiten.

## 23.1 Formen der Taktik

Taktisches Handeln wird von zwei Faktoren beeinflusst: Zum einen von dem, was von vornherein einplanbar ist, zum anderen von der konkreten Wettkampfsituation.
Je nach Komplexität bzw. Anzahl der handelnden Akteurinnen und Akteure ergibt sich eine Unterteilung der Taktik in folgende Formen:

| | |
|---|---|
| **Individualtaktik** | • zielorientiertes, zweckmäßiges Verhalten einer einzelnen Sportlerin/eines einzelnen Sportlers<br>• z. B. 1 : 1-Situation in Sportspielen, Dribblings |
| **Gruppentaktik** | • Einbezug mindestens einer weiteren Mitspielerin/eines weiteren Mitspielers<br>• z. B. Doppelpass, Ablaufen, Blocken |
| **Mannschaftstaktik** | • zweckvolle Handlungskoordination des gesamten Teams<br>• z. B. schnelles Umschalten von Abwehr auf Angriff |

*Tab. 10: Formen der Taktik*

Eine andere Möglichkeit ist es, die Taktik je nach Zielsetzung (z. B. Tore/Körbe erzielen vs. die Gegnerin/den Gegner daran hindern, dies zu tun) in Angriffs- und Abwehrtaktik zu unterteilen.

## 23.2 Ziele und Aufgaben der taktischen Grundausbildung

Das **Ziel** einer taktischen Ausbildung besteht darin, die Athletin/den Athleten dazu zu befähigen,

- eine taktische Aufgabe optimal in kürzester Zeit zu lösen,
- seine Kraft im Wettkampf ökonomisch einzusetzen und taktische Pläne auch unter schwierigen Bedingungen zu verwirklichen,
- Selbstständigkeit im Finden und Erarbeiten von taktischen Lösungswegen zu entwickeln.

Die **Hauptaufgaben** lassen sich folgendermaßen differenzieren:

- **Erwerb von taktischen Kenntnissen:** Unter die taktischen Kenntnisse werden u. a. das Wissen über die geltenden Wettkampfbestimmungen, die Regeln, die Wettkampforganisation und die taktischen Regeln bei der Ausführung taktischer Handlungen gefasst.
- **Aneignung taktischer Fertigkeiten:** Taktische Fertigkeiten sind automatisierte Antworthandlungen auf typische Spielsituationen, die durch ihre ständige Wiederholung im Wettkampf sicher und präzise ablaufen.
- **Umsetzung von taktischen Fähigkeiten:** Als taktische Fähigkeit wird die situationsübergreifende Anwendung von Kenntnissen und Fertigkeiten bezeichnet. Die Sportlerin/der Sportler wird befähigt, konditionelle, technische und taktische Kenntnisse und Fertigkeiten sowie psychische Eigenschaften entsprechend den Wettkampfanforderungen für die Lösung taktischer Aufgaben umzusetzen.

## 23.3 Stufen einer taktischen Handlung

Taktische Handlungen sind komplizierte psychomotorische Abläufe. Sie beruhen auf der Koordination von Wahrnehmung, Denkprozessen und motorischen Handlungen. Für taktische Handlungen gibt es drei Stufen:

1. Wahrnehmung und Analyse der Wettkampfsituation
2. gedankliche Lösung einer entsprechenden taktischen Aufgabe
3. motorische Verwirklichung der geplanten Handlung

Bei der Entwicklung eines Handlungsplans werden meist mehrere Alternativen gedanklich durchgespielt, aus denen die günstigste ausgewählt wird. Eine entscheidende Rolle spielt das Bewegungsgedächtnis, das positive wie negative Erlebnisse zu einer bestimmten Situation speichert. Somit baut die Sportlerin/der Sportler mit der Zeit einen gewissen Erfahrungsschatz auf, aus dem sie/er in den unterschiedlichen Wettkampfsituationen schöpfen kann. Beispielsweise können ein frühes Gegentor, eine Verletzung oder auch plötzliche Wetterumschwünge zu einer psychischen Beeinflussung führen, die die Leistungsfähigkeit mindert, wenn nicht vorher ein solches Geschehen und eine passende Antwort antizipiert wurden.

## 23.4 Trainingsmethoden

Die Ausbildung der sportlichen Taktik stützt sich auf zwei allgemeine Grundsätze: die Einheit zwischen theoretischer und praktischer Ausbildung sowie die Einhaltung methodischer Regeln.

Zu den methodischen Regeln gehören folgende Punkte:

- Vom Bekannten zum Unbekannten
- Vom Leichten zum Schweren
- Erarbeiten der Technik unter taktischem Aspekt
- Demonstrieren und Erläutern der zu erlernenden taktischen Handlung
- Üben der taktischen Handlung zuerst ohne Gegner, dann zunehmend wettkampfnäher
- Erarbeiten von taktischen Grundformen und ihren Varianten
- Situationsgerechter Einsatz von erworbenen taktischen Fertigkeiten
- Schulung des Beobachtungsvermögens
- Bewertung und kritische Analyse des eigenen taktischen Verhaltens

Zu den methodischen Maßnahmen im Taktiktraining gehören Beobachtung (observatives Training), Messungen (z. B. Videoaufzeichnungen, Animationen, Wärmebildkameras) und Leistungskontrollen (Tests).

# 24 Psychologisches Training

Training beinhaltet außer der körperlichen Komponente noch eine psychische. In der modernen Trainingslehre nehmen psychologische Methoden daher einen nicht mehr wegzudenkenden Platz ein und werden häufig als Ergänzung zum Techniktraining angewendet. Beispiele dafür sind Mentaltraining und Autogenes Training.

## 24.1 Mentaltraining

Allgemein wird unter Mentaltraining (Mentalem Training) eine große Vielfalt an Methoden gefasst, die die Psyche der trainierten Person positiv beeinflussen sollen. Zu den erwünschten Effekten zählen beispielsweise eine Steigerung des Wohlempfindens, eine Erhöhung der psychischen Belastbarkeit und eine Verbesserung des Selbstbewusstseins.
In der Sportpsychologie versteht man unter Mentaltraining ursprünglich das Erlernen, Verbessern oder Behalten eines Bewegungsablaufs durch intensive, gedankliche Vorstellung (optisch oder kinästhetisch). Dabei kommt es nicht zum eigentlichen Bewegungsvollzug. Erklärungsbasis bildet der sogenannte **Carpenter-Effekt** (siehe auch S. 23), nach dem durch Mikroinnervation der Muskulatur die tatsächliche Bewegung (optisch nicht sichtbar) durchgeführt wird.

Mentales Training vollzieht sich in drei Stufen:

- **Stufe 1 – Verbalisierung:** Die Athletin/der Athlet verbalisiert den gesamten Bewegungsablauf (je besser die innere Vorstellung, desto besser die Verbalisierung, dadurch verbesserte Intellektualisierung).
- **Stufe 2 – Beobachtung:** Die Athletin/der Athlet beobachtet die Bewegungsabläufe von vorbildhaften Sportlerinnen oder Sportlern (Video, live).
- **Stufe 3 – Vorstellung:** Die Athletin/der Athlet stellt sich die Bewegungen vor, wobei bestimmte kinästhetische Wahrnehmungen und spezifische Schwierigkeiten der Bewegung berücksichtigt werden sollen.

**Vorteile** des Mentalen Trainings sind:

- Vermutlich verkürzte Lernzeiten
- Vermutlich Erhöhung der Präzision und Ausführungsgeschwindigkeit
- Erhöhung der Stabilität einer Bewegung
- Möglichkeit hoher Wiederholungszahlen
- Erhalten der Bewegungsvorstellung in verletzungsbedingten Pausen
- Möglichkeit der Simulation von Vorstartzuständen

- Verkürztes Aufwärmen
- Schnelle Korrektur fehlerhafter Bewegungen
- Wenig Anleitung nötig

**Nachteile** des Mentalen Trainings sind:
- Anwendung erst ab einem Alter von ca. 12 Jahren möglich
- Nur für Disziplinen mit hohen technischen Anforderungen geeignet
- Nur zeitlich begrenzt anwendbar (Dauer ca. 2–3 min)
- Keine Rückkopplung, die zur Bewegungskorrektur herangezogen werden kann
- Falsche Bewegungsvorstellungen können fehlerhafte Bewegungsausführung nach sich ziehen

## 24.2 Autogenes Training

Autogenes Training unterstützt die Wiederherstellung und Steigerung der physischen Leistungsfähigkeit. Es erfolgt durch stufenweise und systematische konzentrative Selbstentspannung. Seinen Ursprung hat dieses Verfahren im Bereich der Hypnose, nutzt aber im Unterschied zu dieser die **Eigensuggestion (Autosuggestion)**. Im Mittelpunkt stehen Autosuggestionsformeln wie „Ich bin ganz ruhig“ oder „Mein rechter Arm wird ganz schwer“, wodurch der Organismus in einen Entspannungszustand gelangt, der sich durch einen Rückgang des Muskeltonus messbar äußert. Durch Gefäßerweiterung wird die Durchblutung verstärkt (Herzfrequenz und Blutdruck sinken ab), was bei den Anwenderinnen und Anwendern ein Gefühl der Erwärmung auslöst. Um wieder in einen Aktivierungszustand zurückzukehren (Spannungsaufbau), wird der umgekehrte Weg beschritten: „Ich werde ganz fest“. Bei diesem Verfahren sind starke Willens- und Vorstellungskräfte nötig, ansonsten bleiben die Formeln unwirksam.

# Sport und Gesellschaft

In diesem Kapitel können nicht alle gesellschaftlich relevanten Aspekte beleuchtet werden, da diese eine zu große Bandbreite aufweisen und zudem einem stetigen Wandel unterworfen sind. Dennoch soll hier ein Einblick in verschiedene Bereiche gegeben werden, wobei der Schwerpunkt auf die **gesellschaftlichen Funktionen** von Sport, auf den Bereich Sport und **Gesundheit** sowie auf das Thema **Doping** gelegt wird.

## 25 Gesellschaftliche Funktionen

Sport ist ein Teil der Gesellschaft, der diese ebenso prägt, wie er von ihr geprägt wird. Dabei kommen dem Begriff Sport viele Bedeutungen zu: Sport kann bedeuten, sich aktiv in der Freizeit zu bewegen, Geld zu verdienen oder passiv Sportsendungen zu schauen. In der Tat hat sich das **Verständnis von Sport** in den letzten Jahrzehnten erheblich verändert:

- Bis in die 1980er-Jahre hinein dominierte das klassische Sportmodell, in dem Sport immer mit verschiedenen Leistungszielen und -ansprüchen verbunden war: Auf der Basis des Breitensports verjüngte sich das System nach oben hin pyramidenförmig zum Hochleistungssport.
- Diese Einheitlichkeit des Sports löste sich ab diesem Zeitpunkt auf. Es differenzierten sich verschiedene Modelle von Sport aus: Neben dem Hochleistungssport bildeten sich etwa der telegene und einschaltquotenbringende Glamoursport heraus, der gesundheitsorientierte Sport, der Behindertensport, der Showsport, der Luxussport, der Abenteuer- und Extremsport, der Sport aus sozialen Motiven oder als Teil der Selbstdarstellung. Diese Entwicklung folgte einem Wertewandel in der Gesellschaft: Klassische Werte, wie Religion und Familie, lösten sich auf bzw. verloren an Bedeutung und neue, wie Spaß und Individualisierung, wurden geprägt. Parallel dazu verlief eine Abkehr vom traditionellen Vereinssport (Ehrenamt) hin zu kommerziellen Anbietern.
- Ab den 1990er-Jahren wichen die bis dahin vorherrschenden Motive Kompensation (als Ausgleich zur Arbeit) und Stressabbau der Suche nach Spaß im Sport (Erlebnissport). Seitdem entstehen ständig neue Trendsportarten, was von der Industrie massiv unterstützt wird und

Ausdruck gelebter Individualität ist. Diese Neuorientierung des Sports trug dazu bei, dass auch bisher völlig Sportabstinente rekrutiert werden konnten (z. B. durch die Walking-Bewegung).

## 25.1 Organisation des Sports

**Freizeitsportler*innen** binden sich heutzutage oft nicht an feste Strukturen wie Vereine und unterscheiden sich darin von den **leistungsorientierten Sportlerinnen und Sportlern**, für die Regeln und Wettkämpfe im Normalfall elementare Bestandteile ihres Treibens sind. Es gelten dabei aber stets relative Werte und Leistungsmerkmale wie Alter und Geschlecht sowie soziale, familiäre und berufliche Restriktionen. Genau darin heben sie sich von **Hochleistungssportler*innen** ab, die ihre Leistungsziele von außen diktiert bekommt. Somit ist im Hochleistungssport, der überwiegend professionell betrieben wird, nicht nur Leistung, sondern vor allem Erfolg das Maß aller Dinge.
Noch immer bilden die **Vereine** das Gerüst des organisierten Sports. Neben diesen gemeinnützigen Organisationen entstehen ständig neue Anbieter (z. B. Sportreiseanbieter, Krankenkassen, Volkshochschulen, Tennis-/Golfschulen, Kletterhallen), hauptsächlich solche mit kommerziellen Zielen. Hinter diesem Trend steckt der Wunsch nach Individualität und selbstbestimmtem Sporttreiben. Vor allem was die Organisation von Sportveranstaltungen betrifft, treten Vereine und Verbände zunehmend in den Hintergrund. Diese durch die Kommerzialisierung verursachte Entwicklung trifft insbesondere die professionellen Vereine, aber auch den Breitensport.

- **Sportvereine** können durch ihre Gemeinnützigkeit, den damit verbundenen Steuervergünstigungen sowie durch die ehrenamtliche Tätigkeit der Mitglieder*innen Leistungen zu einem geringen Preis anbieten. Doch das Vereinsleben ist von zwei Tendenzen gekennzeichnet, zum einen vom starken Rückgang des ehrenamtlichen Engagements, zum anderen von einer Tendenz zur Professionalisierung auch auf breitensportlichem Niveau, die eine Nachfrage nach guten und bezahlten Trainerinnen und Trainern entstehen lässt.
- In der Vergangenheit zählten zu den **kommerziellen Sportanbietern** in erster Linie Fitnessstudios, die das Bedürfnis nach unorganisiertem Sporttreiben befriedigten. Auch dabei hat sich das Angebot inzwischen differenziert: Neben reinem Krafttraining gibt es beispielsweise Tanzkurse, Yoga, Spezialgymnastik bis hin zu allen möglichen Varianten des Kampfsports und der Selbstverteidigung.
  Kommerzielle Sportanbieter rekrutieren ihre Mitglieder*innen vor allem aus Anfängern oder Frauen, zwei Gruppen, die in den traditionel-

len Sportvereinen unterrepräsentiert sind. Folgerichtig stehen auch die Motive Leistungsoptimierung und Wettkampfcharakter nicht mehr im Vordergrund, sondern Gesundheit, Entspannung, Spaß, Körpertraining und Ästhetik. Dass aber rund 30 % der Mitglieder*innen in Fitnessstudios aus Vereinen stammen, stellt diese vor ein Problem.

## 25.2 Sport und Politik

Sport und Politik sind heutzutage eng verschränkt. Man kann darüber spekulieren, ob es jemals eine strikte Trennung gab, da man schon im alten Rom das Volk mit einer Mischung aus Brot und Spielen zusammenhielt. Später, zu Beginn des 19. Jahrhunderts, förderte „Turnvater Jahn" das Turnen mit dem Ziel, das Volk körperlich und ideologisch auf die Befreiung von Napoleon und die nationale Einigung vorzubereiten.

- Eine Form der Instrumentalisierung des Sports durch die Politik ist der **Boykott** z. B. von Olympischen Spielen. So traten insgesamt 42 Staaten (darunter die USA und Deutschland) 1980 in Moskau nicht an, weil die Sowjetunion in Afghanistan einmarschiert war. Als Reaktion darauf blieben dann vier Jahre später, 1984, die Sowjetunion und die meisten der ihr nahestehenden Staaten den Olympischen Sommerspielen in Los Angeles fern. Boykotts von großen Sportveranstaltungen – auch im Vorfeld der Olympischen Winterspiele 2014 in Sotschi wurde über eine solche Maßnahme diskutiert – sind umstritten. Gegner kritisieren, dass darunter fast ausschließlich die Sportler zu leiden hätten, die selbst für die politischen Umstände meist sehr wenig können, denen aber durch einen Boykott eine einmalige Gelegenheit in ihrem (Sportler-)Leben genommen wird.
- Auch aus repräsentativen Motiven wird der Sport von der Politik missbraucht. So wurden in der DDR in manchen Fällen bereits Kinder mit Dopingmitteln behandelt, um durch sportliche Weltklasseleistungen **internationale Anerkennung** für den Staat zu erlangen. Aber auch Bewerbungen um das Ausrichten von sportlichen Großveranstaltungen erfolgen häufig vor dem Hintergrund, international ins Rampenlicht zu rücken und sich darstellen zu können (z. B. Katar bei den Fußballweltmeisterschaften 2022).
- Eine weitere Form der Instrumentalisierung des Sports besteht in der Absicht, ihn zur **innenpolitischen Stabilisierung** heranzuziehen, indem Ablenkung, Identifikation und Integration ineinandergreifen. Je nach Ausprägung besteht dabei jedoch die Gefahr, dass nationalistische Tendenzen aufkeimen bzw. gestützt werden und somit negative Auswirkungen auf internationale Beziehungen entstehen.

## 25.3 Sport, Wirtschaft und Medien

Bis in die 1970er-Jahre wurde Sport in erster Linie aktiv betrieben, ehrenamtlich und in Vereinen, während dem passiven Konsum nur eine relativ geringe Bedeutung zukam. Dies änderte sich spätestens anlässlich der Olympischen Sommerspiele 1972 in München und der ebenfalls in der BRD ausgetragenen Endrunde der Fußballweltmeisterschaft 1974 (mit der deutschen Mannschaft als Titelgewinner), als in Deutschland das Interesse einer breiteren Masse am Verfolgen von Sportveranstaltungen als Zuschauer*innen geweckt wurde. Austragungsort und Erfolge sind bis heute zwei Faktoren, die entscheidend für eine hohe Zuschauerakzeptanz sind, was sich z. B. darin zeigt, dass Tennis in Deutschland nach der Ära Graf/Becker stark an Bedeutung verloren hat, während die Erfolge der deutschen Fußballnationalmannschaft bei WM- und EM-Turnieren sowie die internationalen Erfolge von Vereinsmannschaften wie dem FC Bayern München und Borussia Dortmund die Vormachtstellung des Fußballs im deutschen Sportsektor beflügeln.

### Sponsoring

Die steigende Zahl an Zuschauerinnen und Zuschauern infolge der beiden Großveranstaltungen zu Beginn der 1970er-Jahre gab der Wirtschaft und den Medien die Initialzündung, sich verstärkt einzubringen. Durch die positive Wahrnehmung des Sports in der Bevölkerung wurde dieser zu einer attraktiven Werbefläche, zumal durch das breite Publikum eine große Zahl an potenziellen Kundinnen und Kunden angesprochen werden kann. Das **Sportsponsoring** entfaltete sich.

- Heute werden insbesondere die mit dem Sport verbundenen **Werte** wie Gesundheit, Ästhetik, Fairness, Dynamik und die Mischung aus Traditionalität und Modernität genutzt, um Werbung für ein Unternehmen oder ein Produkt zu machen.
- In den Sport bringen sich aber nicht nur **Unternehmen** ein, die dem Sport in irgendeiner Form nahestehen (z. B. Sportausrüster), sondern auch solche, die aus völlig anderen Branchen stammen (z. B. Kosmetikhersteller, Energieversorger oder Maschinenbauunternehmen).
- Die **wirtschaftliche Förderung** kann sich dabei auf Einzelpersonen (z. B. Profis populärer Sportarten mit persönlichen Werbeverträgen), auf Mannschaften oder ganze Vereine (erkennbar z. B. an den Firmenlogos auf der Sportkleidung und der Bande), auf Verbände (z. B. DSV, DFB) oder auf Wettbewerbe und Veranstaltungen (z. B. Bundesligen, Olympische Spiele) beziehen. Weiterhin beliebt ist auch der Kauf von Namensrechten für Gebäude oder Stadien.

Sportler*innen, Trainer*innen sowie Funktionärinnen und Funktionäre profitieren von der Wirtschaft durch Zuwendungen z. B. in Form von Geld, Ausrüstung und Fortbildungsmöglichkeiten, verpflichten sich aber im Gegenzug, den Partner aktiv zu unterstützen, z. B. indem sie in Werbespots auftreten oder bei Werbeveranstaltungen als Interviewpartner*innen zur Verfügung stehen. Gerade die Verpflichtung, sich bei Großveranstaltungen, aber auch sonst während der Saison, für den Sponsor der Öffentlichkeit zu zeigen, kann zu einer Belastung werden, vor allem wenn kurz darauf weitere wichtige Wettkämpfe anstehen.
Die große finanzielle Abhängigkeit setzt die Sportler*innen zusätzlich unter Druck. Denn ausbleibende Erfolge bergen die Gefahr, dass der Sponsor abspringt. Das führt z. B. dazu, dass ohne Rücksicht auf Langzeitfolgen Verletzungen ignoriert oder nicht ausreichend auskuriert werden und dass die Versuchung, zu unerlaubten Mitteln zu greifen (z. B. Doping oder Spielmanipulationen), größer wird.
Die Aussicht, durch Sport nicht nur den Lebensunterhalt bestreiten zu können, sondern es damit sogar zu Reichtum zu bringen, ist auch ein Faktor, der die Attraktivität mancher Sportart bei Kindern und Jugendlichen fördert. So steigt die Zahl der potenziellen Talente, aus denen die leistungsorientierten Vereine auswählen können. Auf der anderen Seite besteht die Gefahr, dass sich junge Sportler*innen zu sehr auf eine Profikarriere fokussieren, das hohe Risiko des Scheiterns ausblenden und folglich Schul- und Berufsausbildung vernachlässigen.

## Sportübertragungen in den Medien

Sport lief bis vor wenigen Jahren ausschließlich im Fernsehen und öffentlich-rechtliche oder private Sendeanstalten wetteiferten um die Übertragungsrechte. Spätestens mit dem Aufkommen von privaten Streamingportalen sind diese Strukturen allerdings in Auflösung begriffen und auch traditionelle Anbieter bieten Live-Streams an. Bei den Zuschauerinnen und Zuschauern vermischen sich die Endgeräte Laptop, Tablet, Smart-TV und Smartphone und der sogenannte Second-Screen verbreitet sich zunehmend. Mit einem zweiten Endgerät können beispielsweise Statistiken abgerufen oder Szenen individuell nachbetrachtet werden, man kann seine Ansichten zu den Geschehnissen in den sozialen Netzwerken posten oder die getwitterten Kommentare von Expertinnen und Experten verfolgen.
Während bis vor einigen Jahren die Anzahl der (Fernseh-)Zuschauer*innen – mittels Hochrechnung von Stichproben durch das Marktforschungsinstitut GfK – wenigstens annähernd ermittelt werden konnte, ist eine Aussage über die tatsächliche Zuschauer*innen*zahl aufgrund

der Vielzahl der Übertragungswege heutzutage kaum noch sinnvoll möglich. Dies hat Auswirkungen auf die Sponsoren vor allem in weniger prominenten Sportarten, die keine Rückmeldung mehr darüber erhalten, ob beispielsweise ihre Bandenwerbung auch tatsächlich wahrgenommen wird. Die abnehmende Bedeutung der klassischen Fernsehsender führt dazu, dass die Unternehmen weniger Werbespots platzieren bzw. dass sie weniger Geld für Sendezeit bezahlen. Gleichzeitig wendet sich das klassische Medieninteresse vom Sport ab, nicht zuletzt, weil Live-Streams z. B. über Facebook vom Veranstalter technisch einfach zu realisieren sind.
Verstärkt wird der Kampf innerhalb des Mediensektors dadurch, dass die Kosten für **Übertragungsrechte** für internationale Topligen, Fußballweltmeisterschaften oder Olympische Spiele astronomische Höhen erreicht haben. Mehr denn je sind diejenigen, welche die Übertragungsrechte erwerben, genötigt, Geld einzuspielen.

## Einfluss der Medien auf den Sport

In den „Premiumsportarten“, allen voran dem Fußball, hat sich eine Abwendung von klassischen **Vereinsstrukturen** vollzogen: Medienpräsenz verspricht Sponsorengelder, mit denen Spitzensportler*innen verpflichtet und bezahlt werden können, was wiederum zu erhöhter Aufmerksamkeit der Medien führt. Dies hat unter anderem zur Folge, dass der Kampf auf dem **Transfermarkt** zu- und die Bindung der Spieler an ihre Vereine abnimmt. Dies bekommen vor allem die kleineren Vereine zu spüren, deren beste Spieler abwandern, sodass sie permanent auf neue Talente hoffen müssen. Solides Wirtschaften findet dabei oft nicht statt. Viele von Europas Spitzenvereinen außerhalb der Fußball-Bundesliga haben enorme Schulden oder gehören Mäzenen, die gigantische Summen in ihre Vereine stecken. Den finanziellen Fehlentwicklungen versucht die UEFA durch die **Financial-Fair-Play-Regeln** entgegenzutreten, die Vereine, die nicht solide wirtschaften mit Sanktionen belegt.
In den letzten Jahren ist außerdem zu beobachten, dass in Deutschland praktisch alle Sportarten außer Fußball zu **Randsportarten** geworden sind, die nur einen sehr begrenzten Kreis an Zuschauerinnen und Zuschauern interessieren. Im besten Fall werden sie noch schlaglichtartig betrachtet, wenn deutsche Sportler*innen in ihnen erfolgreich sind. Die Möglichkeit, sich intensiver medial zu präsentieren, bekommen die Randsportarten höchstens noch bei Großveranstaltungen wie Olympischen Spielen. Da diese Sportarten so kaum Unterstützung durch Sponsoren erfahren, sind sie finanziell weitgehend abhängig von den Dachorganisationen, in denen sie vertreten sind, und können ihren Sportlerinnen und Sportlern kaum ein Profi-Dasein ermöglichen. Die positive Sei-

te liegt darin, dass die Motivation der Sportler*innen nicht durch den finanziellen Aspekt genährt wird und dass sie häufig über eine Ausbildung verfügen, die es ihnen ermöglicht, sich bei Karriereende selbstständig den Lebensunterhalt zu verdienen. Um das Interesse der Zuschauer*innen verstärkt auch auf die weniger zugkräftigen Sportarten zu bündeln, wurden 2019 beispielsweise die Deutschen Meisterschaften in 10 verschiedenen Sportarten (z. B. Leichtathletik, Bahnradfahren, Schwimmen und Turnen) gleichzeitig an einem Ort (Berlin) ausgetragen. Auch die Ausrichtung der European Championships 2018 in Glasgow und Berlin und 2022 in München sind diesem Trend geschuldet.

Durch die Medien können auch ganz konkrete und z. T. direkte **Eingriffe** in einzelne Sportarten bedingt sein:

- Veränderungen im **Regelwerk** erfuhr z. B. das Basketballspiel, wo nun vier Viertel statt wie früher zwei Halbzeiten gespielt werden, um mehr Platz für Werbeblöcke zu schaffen.
- Der **Austragungszeitpunkt** von Sportveranstaltungen wird so angepasst, dass möglichst viele Zuschauer*innen diese verfolgen können. So mussten z. B. die Fußballer bei der WM 1994 in den USA und auch bei der WM 2014 in Brasilien teilweise in der Mittags- bzw. Nachmittagshitze antreten, damit die Spiele live zur Prime-Time in Europa ausgestrahlt werden konnten. Auch die Spiele der Bundesliga sind nun so über die Tage von Freitag bis Sonntag verteilt, dass es in der Regel möglich ist, 5 von 9 Spielen live im Pay-TV oder im Stream zu verfolgen. Andere Veranstaltungen, z. B. Skisprung- oder Biathlonwettkämpfe, finden z. T. abends bei Flutlicht statt. Ungewöhnliche Austragungszeiten belasten den Körper der Sportler*innen zusätzlich, da sie nun auch noch gegen den eigenen Biorhythmus und/oder ungünstige klimatische Verhältnisse ankämpfen müssen.
- Bei beliebten Sportarten wie Fußball wird versucht, den **Terminkalender aufzustocken**. So spielen einige deutsche Vereinsmannschaften der 1. Bundesliga pro Saison nicht nur an 34 Tagen um die deutsche Meisterschaft, sondern bestreiten auf nationaler Ebene auch noch Spiele im DFB-Pokal und eventuell im DFB-Supercup. Auf internationaler Ebene kommen dann mitunter noch Spiele in der UEFA Champions League, der UEFA Europa League, dem UEFA Supercup und der FIFA-Klub-Weltmeisterschaft hinzu. In den wenigen Spielpausen sind weitere Turniere und Länderspiele angesetzt, wobei z. B. bei den Europameisterschaften ab 2016 die Zahl der Endrundenteilnehmer von 16 auf 24 Teams und somit auch die Zahl der Spiele erhöht wurde.

Die hohe Belastung von z. T. über 60 Spielen pro Saison kann praktisch niemand mehr leisten, was auch den gestiegenen Anforderungen an die Athletik und die Taktik geschuldet ist. Folge der großen Zahl an Einsätzen ist eine stark erhöhte Anfälligkeit der Spieler für Verletzungen und Verschleiß. Einige (wenige) Vereine versuchen daher verstärkt, ihre Spieler durch bewusste Rotationen im Kader zu schonen. Dies stößt aber bisweilen weder in der Mannschaft selbst auf Gegenliebe (niemand möchte gerne als Ersatzspieler auf der Bank sitzen), noch bei den Konkurrenten, die Wettbewerbsverzerrung beklagen, wenn eine Mannschaft bei „unwichtigen" Spielen nur mit einem sogenannten B-Kader aufläuft, noch bei den Fans, die in jedem Spiel ihre Topstars sehen wollen.

# 26 Gesundheit

Der Begriff Gesundheit kann in einem engeren und einem erweiterten Sinn betrachtet werden. Im engeren Sinne meint Gesundheit lediglich das Nichtvorhandensein von physischen Krankheiten, während im weiteren Sinne die Gesundheit ganzheitlich gesehen wird und auch die Psyche sowie soziale Faktoren berücksichtigt werden.

Während sich die **Pathogenese**, welche sich der Beschreibung widmet, wie eine Krankheit entsteht und sich entwickelt (Frage: „Warum wird der Mensch krank?"), dem engeren Gesundheitsbegriff verpflichtet fühlt, definiert die Weltgesundheitsorganisation **WHO** Gesundheit im erweiterten Sinne.

**Gesundheit** ist ein Zustand vollständigen körperlichen, geistigen und sozialen Wohlergehens und nicht nur das Fehlen von Krankheit oder Gebrechen. (WHO, 1946)

Es gibt verschiedene **Gesundheitsmodelle**, die sich mit der Entstehung und der Erhaltung von Gesundheit befassen.

## 26.1 Risikofaktoren-Modell

Das sogenannte Risikofaktoren-Modell aus den 1950er-Jahren basiert auf dem Gesundheitsbegriff im engeren Sinne und interpretiert Gesundheit als knappes und von Risiken bedrohtes Gut. Verschiedene beeinflussbare oder nicht beeinflussbare individuelle Risikofaktoren wer-

den analysiert und zu einem statistischen Wert formuliert, der die Erkrankungswahrscheinlichkeit einer Person widerspiegeln soll. Dabei wird zwischen physischen Risikofaktoren (z. B. Bewegungsmangel, Übergewicht, Rauchen, Bluthochdruck, Geschlecht), sozialen (z. B. Isolation) und geistigen (z. B. Stress, Aggression, Angst) unterschieden.
Nach dem Risikofaktoren-Modell stellen Gesundheit und Krankheit somit zwei gegenüberliegende Pole dar. Ein Hauptkritikpunkt an diesem Gesundheitsmodell ist, dass es sich ausschließlich auf die negativen Einflüsse auf die Gesundheit fokussiert und die positiven vernachlässigt.

## 26.2 Salutogenese-Modell

Im Unterschied zur Pathogenese stellt sich die **Salutogenese** die Frage „Was hält den Menschen gesund?".
Das Salutogenese-Modell von ANTONOVSKY (1979) stellt der statischen Auffassung des Risikofaktoren-Modells, das Krankheit als Zustand sieht, eine dynamische, prozesshafte gegenüber. Krankheit und Gesundheit stehen sich nicht mehr diametral gegenüber, sondern der Mensch bewegt sich permanent zwischen diesen Polen (Gesundheits-Krankheits-Kontinuum). ANTONOVSKYs Modell ist eine Kritik an der Medizin, die sich ausschließlich auf Krankheiten und deren Heilung konzentriert.
Im Vordergrund seiner Überlegungen stehen für ANTONOVSKY zwei Fragen, wobei die zweite für ihn interessanter ist:

- Warum bekommt ein Individuum eine ganz bestimmte Krankheit? (Diese Frage nach der Entstehung von Krankheiten dominiert die klassische Medizin.)
- Warum bewahrt ein Individuum trotz einer Vielzahl pathogener (krankmachender) Faktoren seine Gesundheit?

Die Frage, warum nun jemand trotz einiger krankheitsfördernder Faktoren gesund bleibt, führt zu einer veränderten Auffassung von Krankheit und Gesundheit.

- Die potenziell krankmachenden Faktoren werden von ANTONOVSKY als **Stressoren** bezeichnet. ANTONOVSKY differenziert zwischen chronischen Stressoren (dauerhaft bestehende Lebensbedingungen), größeren Lebensereignissen und „alltäglichen Ärgernissen". Sowohl das Ausmaß des stresserzeugenden Reizes als auch die individuellen Merkmale der betrachteten Person bzw. die Situation, in der sie sich befindet, entscheidet darüber, ob der Stressreiz als krankmachend, neutral oder sogar als positiv empfunden wird: Ein Horrorfilm im Kino wird beim geneigten Zuschauer ein angenehmes Stresserlebnis darstellen ebenso wie eine Achterbahnfahrt bei einem anderen.

- **Generalisierte Widerstandsressourcen** helfen dabei, mit negativen Stressoren fertig zu werden. Diese Ressourcen beruhen auf körperlichen (z. B. Immunstatus) und psychischen Voraussetzungen (z. B. emotionale Stabilität), können aber auch auf soziokulturellen Aspekten wie Familienleben, Freundeskreis und Arbeitsumfeld basieren.

Nach ANTONOVSKY kann man also seinen Gesundheitszustand positiv beeinflussen, wenn man auf diese Komponenten achtet. Das individuelle Vermögen, Stress zu bewältigen, bezeichnet er als **Kohärenzsinn**, der sich aus den folgenden drei Faktoren zusammensetzt:

- Gefühl der Verstehbarkeit *(sense of comprehensibility)*: Das Gefühl, die konkrete Situation kognitiv erfassen zu können.
- Gefühl der Handhabbarkeit *(sense of manageability)*: Das Gefühl, die konkrete Situation bewältigen zu können.
- Gefühl der Bedeutsamkeit *(sense of meaningfulness)*: Das Gefühl, dass es lohnend ist, die konkrete Situation zu bewältigen.

Je geringer der Kohärenzsinn ist, desto krankheitsanfälliger ist ein Individuum.

ANTONOVSKY begründet z. B. die verkürzte Lebenserwartung unterer sozialer Schichten unter anderem mit den damit verbundenen Arbeitsbedingungen: Eine ideale Arbeitssituation sei so komplex, dass der Mensch Alternativen bei seinen Entscheidungen habe. Allerdings wäre ein Übermaß an Wahlmöglichkeiten ebenso schädlich, da Probleme grundsätzlich lösbar sein müssten.

Das Salutogenese-Modell sieht also im Gegensatz zum Risikofaktoren-Modell eine Handlungsmöglichkeit des Individuums, um die Basis für eine gute Gesundheit zu schaffen. Ein wesentlicher Aspekt eines gesundheitsorientierten Lebensstils ist das Sporttreiben.

# 27 Doping

Allgemein versteht man unter Doping die Anwendung nicht erlaubter Substanzen, Methoden oder Verfahren zur Erhöhung oder Erhaltung der sportlichen Leistungsfähigkeit.

Die **WADA (Welt-Anti-Doping-Agentur)** fasst den Begriff wesentlich weiter und subsummiert darunter das Vorliegen eines oder mehrerer der Verstöße, die sie im Artikel 2 ihres **WADA-Codes** auflistet:

- Artikel 2.1: Als Doping gilt jegliches Vorhandensein einer verbotenen Substanz, deren Metaboliten oder eines Markers in den Körperbestandteilen einer Athletin/eines Athleten, wobei die Sportlerin/der Sportler selbst für die Substanzen verantwortlich ist, die sich in ihrem/seinem Körper befinden.
- Artikel 2.2: Als Doping gilt die tatsächliche oder versuchte Anwendung eines verbotenen Stoffes oder einer verbotenen Methode.
- Artikel 2.3: Als Doping gilt die Verweigerung oder das Versäumen einer Probenentnahme.
- Artikel 2.4: Als Doping gelten Unachtsamkeiten bei der Dokumentation des Aufenthaltsortes (sogenannte „Whereabouts").
- Artikel 2.5: Als Doping gilt die unzulässige Einflussnahme auf die Dopingkontrollen.
- Artikel 2.6/2.7: Als Doping gelten sowohl der Besitz als auch die tatsächliche oder versuchte Weitergabe verbotener Wirkstoffe und Methoden.
- Artikel 2.8: Als Doping gilt, wenn man andere bei der Verabreichung verbotener Substanzen oder der Anwendung verbotener Methoden unterstützt.
- Artikel 2.9: Als Doping gilt jegliche vorsätzliche Beihilfe bei einem tatsächlichen oder versuchten Verstoß gegen die Anti-Doping-Bestimmungen (z. B. Hilfe, Ermutigung, Anleitung, Verschleierung).
- Artikel 2.10: Als Doping gilt der verbotene Umgang in beruflicher oder sportlicher Funktion mit gesperrten Athletenbetreuerinnen/-betreuern oder solchen, denen ein Verstoß gegen die Anti-Doping-Bestimmungen nachgewiesen wurde.

Wie wenig konsequent entsprechende Verstöße manchmal verfolgt werden, zeigen z. B. zwei **Clenbuterol-Fälle:**

- Der deutsche Tischtennisspieler Dimitrij Ovtcharov konnte die nationale (NADA) und internationale Anti-Doping-Agentur (WADA) davon überzeugen, dass die leistungssteigernde Substanz durch den Konsum kontaminierten Fleischs in seinen Körper gelangte. Ovtcharov befand sich zu dieser Zeit in China, wo Clenbuterol in der Kälbermast noch nicht verboten ist. Somit kann Clenbuterol in China nur unter Umständen als Verstoß gegen die Dopingregeln gewertet werden.
- Der dreimalige Tour-de-France-Sieger Alberto Contador behauptete, dass das bei ihm 2010 nachgewiesene Clenbuterol von einem Stück Fleisch kam, das er während der Tour de France aus Spanien importieren ließ und aß. Diese Substanz ist allerdings seit Jahren in der gesamten EU verboten und der einmalige Konsum würde auch nicht drei positive Proben während der Tour 2010 erklären. Contador be-

auftragte vier Anwaltskanzleien, die auf ca. 3 500 Seiten erklären sollten, warum er unschuldig sei. Allein die Durchsicht dieser Akten machte den Internationalen Sportgerichtshof (CAS) praktisch über Monate hinweg handlungsunfähig. Wie mächtig der Stab um Contador wirklich war, kann man nur erahnen, wenn man bedenkt, dass er zu dem Zeitpunkt der einzige ins Visier der Dopingermittler geratene Radsportler war, der vom Fuentes-Skandal (2006) völlig unbehelligt blieb. Alle anderen Radsportler hatten mindestens ihre zweijährige Sperre verbüßt (Ivan Basso) oder aber ihre Karriere beendet (Jan Ullrich). Doch auch Contador wurde schließlich 2012 rückwirkend für zwei Jahre gesperrt, nachdem in seinem Blut auch noch Weichmacher entdeckt wurden und er nach Auffassung der WADA nicht einwandfrei nachweisen konnte, dass die Substanzen ohne sein Wissen in seinen Körper gelangt waren.

Gerade im Radsport wird deutlich, welche abstrusen Folgen nachträgliche Dopingverfahren haben können. So werden die Siegerlisten immer wieder neu geschrieben und Medaillen zurückgegeben. Aber selbst diejenigen, die dann in den Siegerlisten bleiben, sind nicht über jeden Zweifel erhaben. Gleichzeitig wird deutlich, wie unfair Doping auch für die Mitstreiter*innen sein kann, wenn diese um die eigentlich verdiente Siegerehrung und die mit einem vorderen Platz verbundenen Emotionen unmittelbar nach Abschluss eines Wettkampfs gebracht werden. Da hilft auch eine nachträgliche Zuerkennung wenig.
Während der Radsport in den letzten Jahren regelmäßig im Zentrum der Dopingfahnder stand, blieben andere Disziplinen wie z. B. der Spitzenfußball fast unbehelligt. Selbst wenn auch hier immer wieder Gerüchte über Doping aufkommen – es ist auch nicht davon auszugehen, dass es bei der großen Anzahl an Profisportlerinnen und -sportlern niemanden gibt, der gegen die Dopingauflagen verstößt –, scheint es in manchen Organisationen am Willen zur Verfolgung und zur Aufklärung zu mangeln.

## 27.1 Erfolgsdruck als Grund für Doping

Für den Einsatz von Doping gibt es mehrere Ursachen, wobei bei **Profisportlerinnen und -sportlern** oft der Erfolgsdruck an erster Stelle steht. Denn um Einnahmen aus dem Sport zu generieren, hat die Sportlerin bzw. der Sportler kontinuierlich Erfolge vorzuweisen. Da die Leistungen ständig gesteigert werden müssen, steckt sie bzw. er je nach Sportart mehr oder weniger schnell in einem Dilemma: Erfolg wird stetig schwieriger und unwahrscheinlicher, weil auch die Konkurrentinnen bzw. Konkurrenten unter dem gleichen Erfolgsdruck stehen. Da durch den hohen zeitlichen Aufwand, den das Training in der Regel einnimmt, ein anderes berufliches Standbein oft vernachlässigt werden muss, nimmt der Druck, im Sport erfolgreich sein zu müssen, noch weiter zu.

Im Spitzensport haben aber nicht nur die Athletinnen und Athleten selbst, sondern auch andere ein großes Interesse an deren Erfolgen:

- An erster Stelle stehen die **Trainer*innen**, deren berufliche Anerkennung sich fast ausschließlich an den von ihnen betreuten Sportlerinnen und Sportlern misst.
- Aber auch die Karrieremöglichkeiten der **Sportärztinnen und -ärzte** sind stark abhängig vom Erfolg der von ihnen betreuten Athletinnen und Athleten. Vor allem nach Verletzungen wird der Zeitraum, nach dem die Sportler*innen wieder einsatzfähig sind und Spitzenleistungen erbringen können, in Zusammenhang mit der Qualität der Ärztinnen und Ärzte gesetzt. Aus diesem Grund fällt die Entscheidung häufig für eine schnelle Rehabilitation, auch auf Kosten der (langfristigen) Gesundheit.
- Auch **Vereine** und **Verbände** (mitsamt ihren Funktionärinnen und Funktionären) profitieren ideell und finanziell auf lokaler, regionaler und nationaler Ebene vom Erfolg.

  Einerseits sind sie zwar natürlich – schon um negative Schlagzeilen zu vermeiden – daran interessiert, dass ihre Athletinnen und Athleten nicht dopen. Andererseits machen sie aber auch strenge Leistungsvorgaben, wenn es um die Teilnahme an Großveranstaltungen geht, und fordern Medaillen und gute Plätze in der Nationenwertung ein.
- Den Sinn ihrer Investition sehen **Sponsoren** und **Mäzene** in erster Linie in der Wirkung, die vom Sport auf ihre Produkte übergeht. Diese fällt umso höher aus, je größer die positive Medienpräsenz ist, und diese ist wiederum vom Erfolg abhängig.
- Nicht zuletzt haben auch die **Zuschauer*innen** ein starkes Interesse an Erfolgen, da sie positive Emotionen erleben möchten.
- Die **Medien** intensivieren den Wunsch der Zuschauer*innen nach Erfolg, indem sie Sportereignisse inszenieren (Vorberichterstattung, Halbzeitanalyse, Nachbesprechungen) und Erwartungen anheizen.

Die Interessen der genannten Gruppen harmonieren und keiner hat – aus unterschiedlichen Gründen – ein Interesse an positiven Dopingproben. Dies und die Tatsache, dass die Leistungsmanipulation durch Doping aus medizinischen Gründen in der Regel als äußerst kompliziert eingestuft werden muss, zeigt, dass die Sportlerin bzw. der Sportler im Normalfall nicht alleine für Dopingvergehen verantwortlich ist.

## 27.2 Verbreitung von Doping

Doping ist keinesfalls ein Phänomen, das sich nur im **Spitzensport** findet. Zahlreiche Studien belegen, dass auch das Vorkommen im **Breitensport** durchaus beachtlich ist. Obwohl hier die Kontrollen im Normalfall äußerst spärlich sind, führen sie zu einem prozentualen Anteil positiver Befunde, der deutlich höher liegt als im professionellen Bereich. In diesem Zusammenhang spricht man allerdings nicht von Doping, sondern von Medikamentenmissbrauch.
Dabei geht es nicht immer nur um die Optimierung der rein physischen Leistungsfähigkeit. Eine ganz neue Qualität des Medikamentenmissbrauchs stellt das sog. **Neuroenhancement** dar. Der Wirkstoff Methylphenidat beispielsweise, der u. a. im Medikament Ritalin enthalten ist, wird eigentlich für die Behandlung von ADHS (Aufmerksamkeitsdefizit-/Hyperaktivitätsstörung) bei Kindern und Jugendlichen eingesetzt. Wegen seiner anregenden und aufmerksamkeitssteigernden Wirkung konsumieren aber inzwischen auch Sportler*innen den amphetaminartigen Wirkstoff. Taktische Konzepte bis zum Schlusspfiff umsetzen zu können und Handlungsschnelligkeit sind z. B. in Ballsportarten erwünschte Fähigkeiten, die sich mit Hirndoping verbessern lassen.
Ob **Schmerzmitte**l auf der Dopingliste der verbotenen Substanzen stehen sollen, wird immer wieder heftig diskutiert. Die Rolle dieser Medikamente in Mannschaftssportarten hat eine von der FIFA finanzierte Studie ermittelt. Schockierend in dieser Studie war nicht nur, dass über ein Drittel der Spieler bei der Fußball WM 2010 in jedem Spiel Schmerzmittel nahmen, sondern auch, dass die Unterschiede zwischen Profis und Hobbyfußballern nicht besonders groß waren.

## 27.3 Dopingmittel

Die WADA führt in ihrer **Verbotsliste** verbotene **Substanzen (S)** und **Methoden (M)** auf. Das Verzeichnis wird jährlich aktualisiert, da die potenziellen Dopingsünderinnen und -sünder laufend nach neuen Mitteln und Methoden zur Leistungssteigerung suchen. Sauberen Athletinnen und Athleten bietet die Liste die Möglichkeit, das eben noch Erlaubte vom Unerlaubten genau abzugrenzen.

### Grundsätzlich verbotene Substanzen und Methoden

- **Klasse S0 – nicht zugelassene Substanzen:**
  Hierbei handelt es sich allgemein um Wirkstoffe, die nicht für die Anwendung am Menschen zugelassen sind, wie z. B. Tiermedikamente oder Medikamente, die sich erst in der Entwicklung befinden.

- **Klasse S1 – Anabole Substanzen:**
Anabole Wirkstoffe (Anabolika; z. B. **Testosteron** und **synthetische Steroide**) werden im Training eingesetzt, um die sportliche Leistungsfähigkeit zu verbessern, indem der Aufbaustoffwechsel (Anabolismus) positiv beeinflusst wird. In erster Linie geschieht dies durch eine gesteigerte Eiweißsynthese, die zu vermehrtem Muskelaufbau führt.
Akne und Schädigungen des Herz-Kreislauf-Systems zählen genauso zu den Folgen von Anabolikamissbrauch wie Leberschäden. Darüber hinaus kommt es unter anderem zu Virilisierungen (Vermännlichungen) bei Frauen sowie zu Gynäkomastie (Brustvergrößerung) bei Männern. Die Gefahren durch gestreckte oder verunreinigte Schwarzmarktpräparate, nicht sterile Spritzen (Hepatitis, AIDS) oder Mehrfachmedikationen sind unüberschaubar.
Anabolika können im Urin mithilfe von gaschromatografischen Untersuchungen recht problemlos nachgewiesen werden.
- **Klasse S2 – Peptidhormone:**
Peptidhormone unterscheiden sich im Aufbau von den Anabolika, da sie aus Aminosäuren bestehen (siehe auch Hormone, S. 70 ff.). Bekannteste Vertreter dieser Gruppe sind das Erythropo(i)etin (EPO) und das Somatotropin (menschliches Wachstumshormon, HGH).
**Somatotropin** wird wegen seiner muskelwachstumsfördernden Wirkung genommen, außerdem stimuliert es den Fettstoffwechsel. Das Risiko bei Wachstumshormonmissbrauch sind eine verminderte Glucosetoleranz und erhöhte Blutzuckerwerte, weshalb die gleichen Schäden wie bei Diabetes auftreten können. Außerdem können Kieferknochen, Hände und Füße auch beim Erwachsenen wachsen. Ein Muskelwachstum des Herzens kann Durchblutungsstörungen und damit massive und irreversible Funktionsstörungen bedingen.
Das Dopen mit **EPO** (siehe auch Blutdoping, S. 142 f.) führt zu einer Anregung der Produktion der roten Blutkörperchen (Erythrozyten, siehe S. 59) und somit zu einer Verbesserung der Sauerstoffversorgung. Durch die Erhöhung der Erythrozytenkonzentration nimmt jedoch auch die Viskosität (Zähflüssigkeit) des Blutes zu, mit der Gefahr von Gefäßverschlüssen (Thrombosen), die unmittelbar zum Tod führen können. Da ein hoher Hämatokritwert (siehe S. 58) allein nicht als Dopingnachweis gilt, werden betroffene Sportler*innen für zwei Wochen zum Schutz ihrer Gesundheit gesperrt.
Peptidhormone kommen grundsätzlich auch im menschlichen Organismus vor, was ihren Nachweis erheblich erschwert. Während EPO im Urin nachgewiesen werden kann (wenn auch nicht in all seinen ca.

200 Derivaten), braucht es für den Nachweis von HGH eine Blutprobe und ein finanziell aufwendiges Verfahren. Beide Stoffe führen daher selten zu einem positiven Befund. Dazu kommt, dass EPO, wenn es niedrig dosiert über die Nachtstunden eingenommen wird (wo keine unangemeldeten Dopingproben stattfinden dürfen), nicht nachweisbar ist. Der Nachweis einer durch EPO erhöhten Erythrozytenkonzentration in Blutproben kann recht einfach über Zentrifugation erfolgen.

- **Klasse S3 – Beta-2-Agonisten:**
  Bei β-2-Agonisten handelt es sich um Wirkstoffe, die erweiternd auf die Bronchien wirken und dadurch die Atmung verbessern. Daher werden sie im Normalfall beispielsweise gegen Asthma eingesetzt. Da ein diagnostiziertes Asthma die Einnahme dieser Medikamente rechtfertigt, ist die Zahl der attestiert Asthmakranken unter Leistungssportlerinnen und -sportlern überdurchschnittlich hoch.
  Nebenwirkungen von β-2-Agonisten wie beispielsweise **Clenbuterol** betreffen vor allem das Herz: Die Herzfrequenz steigt und es kann zu Herzdurchblutungsstörungen mit Brustschmerzen (Angina Pectoris) und zu Arrhythmien kommen. Außerdem können Muskelzittern (Tremor), Schwankungen des Blutzuckerspiegels und eine Verringerung des Kaliumspiegels auftreten.
- **Klasse S4 – Hormon- und Stoffwechselmodulatoren:**
  Diese Mittel werden genommen, um natürliche Regelungsprozesse des Organismus zu beeinflussen. Bekannt geworden sind die **Myostatin-Inhibitoren**, die die Hemmung des Muskelwachstums verhindern.
- **Klasse S5 – Diuretika und andere Maskierungsmittel:**
  Dabei handelt es sich um Wirkstoffe, mit denen der Gebrauch anderer Dopingmittel verschleiert werden soll. **Diuretika** z. B. führen zur verstärkten Ausscheidung von Urin und können so den Nachweis von Dopingsubstanzen in diesem verhindern. Des Weiteren werden diese Mittel in Sportarten mit Gewichtsklassen vor allem kurz vor dem Wettkampf genommen, um die Beschränkungen zu bestehen.
  Als Nebenwirkungen können ein starker Blutdruckabfall und nachfolgend bedrohliche Verschiebungen im Elektrolythaushalt auftreten.
- **Klasse M1 – Blutdoping:**
  Dabei wird normalerweise das durch **EPO** (siehe oben) oder Höhentraining (siehe S. 59 f.) mit Erythrozyten hoch angereicherte Blut der Athletin bzw. des Athleten entnommen, durch Zentrifugation aufkonzentriert und gekühlt gelagert, bis es ihr bzw. ihm dann am Saisonhöhepunkt wieder injiziert wird.

Je nach Sportart gibt es unterschiedliche Obergrenzen für den prozentualen Anteil an festen Blutbestandteilen (Hämatokrit): So liegt die Grenze z. B. im Radsport bei 50 % und im Skisport bei 52 %, wobei kein Argument für diese Unterschiede genannt werden kann. Während bei Untrainierten solche Werte durchaus ohne Doping vorkommen können, sinkt mit zunehmendem Trainingsniveau eigentlich der Hämatokrit (siehe S. 58).

- **Klasse M2 – Chemische u. physikalische Manipulation:**
  Das Blut von Athletinnen und Athleten sowie deren Urinproben können chemisch oder physikalisch manipuliert werden, um Dopingvergehen zu verschleiern. Beispielsweise können vor der Entnahme von Blutproben maskierende Substanzen in den Blutkreislauf injiziert werden. Urinproben können unter anderem dadurch ungültig gemacht werden, dass sich der Sportler auf den Finger uriniert, auf dem sich Spuren herkömmlichen Waschmittels befinden. Die Wirkstoffe des Waschmittels können dann in der Probe enthaltene Peptide und Proteine abbauen (chemische Manipulation).
  Eine Möglichkeit, Urinproben physikalisch zu manipulieren, besteht darin, Fremdurin abzugeben, der beispielsweise in einem Beutel am oder im Körper versteckt und mittels eines Schlauchs abgegeben wird.
- **Klasse M3 – Gen- und Zelldoping:**
  Darunter versteht man beispielsweise die Injektion (eventuell gentechnisch veränderter) Zellen in den Körper der Sportler*innen mit dem Ziel der Produktion leistungsfördernder Substanzen direkt im Organismus. Auch Maßnahmen wie das Einschleusen spezifischer DNA oder RNA in den Körper oder die Verabreichung von Wirkstoffen zur Veränderung der Genexpression (Umsetzung der genetischen Information in Proteine), die ebenfalls eine Leistungssteigerung bewirken können, fallen darunter.

### Im Wettkampf verbotene Substanzen und Methoden

Neben den im vorherigen Abschnitt erwähnten Substanzen und Methoden sind im Wettkampf weitere Substanzen verboten:

- **Klasse S6 – Stimulanzien:**
  Stimulanzien unterliegen überwiegend dem Betäubungsmittelgesetz (BtMG). Hierzu zählen Amphetamine, Kokain und Ecstasy. Hinzu kommt beispielsweise das in vielen Hustensäften enthaltene Ephedrin. Seit 2004 ist Koffein nicht mehr aufgelistet.

**Amphetamine** können Halluzinationen, Psychosen sowie psychische und physische Abhängigkeit auslösen und unter anderem schwerwiegende Schäden des Herz-Kreislauf-Systems verursachen. Außerdem können Stimulanzien dazu führen, dass der Körper auf die sogenannten geschützten Reserven zurückgreift und es so während der sportlichen Belastung zum Tod kommt.

- **Klasse S7 – Narkotika:**
  Narkotika wie beispielsweise Heroin, Morphin oder Methadon beeinflussen die Signalübertragung im zentralen Nervensystem und wirken schmerzstillend.
  Bei Überdosierung von Narkotika kann es zu Atemlähmungen und in der Folge zu Sauerstoffunterversorgung mit Gefäßschädigungen sowie zum Kreislaufschock kommen. Narkotika können außerdem zu Halluzinationen und Psychosen führen und machen süchtig.
- **Klasse S8 – Cannabinoide:**
  Cannabinoide (z. B. Haschisch und Marihuana) verbessern die sportliche Leistungsfähigkeit nicht. Sie können aber in Hochrisikosportarten (z. B. Skiabfahrt) die Angst unterdrücken und so zu besseren Leistungen führen, wodurch allerdings ein erhebliches Verletzungsrisiko in Kauf genommen wird.
- **Klasse S9 – Glucocorticoide:**
  Dabei handelt es sich um eine Gruppe von Steroidhormonen. Zu den Glucocorticoiden zählt u. a. das körpereigene **Cortison**, aber auch synthetische Stoffe wie beispielsweise das **Dexamethason**.
  Sie beeinflussen den Eiweiß- und Fettstoffwechsel, wirken euphorisierend, entzündungshemmend, schmerzstillend und unterdrücken Immunreaktionen.

### In einzelnen Sportarten verbotene Substanzen (Klasse P1)

Darunter fallen aktuell nur noch die **Betablocker**, die unter anderem die Herzfrequenz und den Blutdruck senken und dadurch eine beruhigende Wirkung haben. Alkohol ist seit dem 1. Januar 2018 nicht mehr Bestandteil der Verbotsliste.
Eine nutzbringende Wirkung haben Betablocker vor allem in Sportarten, die ein gutes Konzentrationsvermögen voraussetzen wie Bogenschießen und Schießen (hier auch außerhalb von Wettkämpfen verboten) oder Golf und Darts (hier nur im Wettkampf verboten).

## 27.4 Kontrollen

Da während intensiver Trainingsphasen die Wahrscheinlichkeit für Dopingmaßnahmen am größten ist, werden vor allem in dieser Zeit unangekündigte Kontrollen durchgeführt. Damit die Kontrolleure der **NADA (Nationale Anti-Doping-Agentur)** die Sportler*innen theoretisch jederzeit kontrollieren können, müssen diese über ein entsprechendes System ihren Aufenthaltsort angeben („Erfüllung der Meldepflicht“). Wird ein*e Sportler*in trotzdem nicht angetroffen, zählt dies als „versäumte Kontrolle“ und wird in der nächsten Zeit nachgeholt. Drei sogenannte „Meldepflicht- und Kontrollversäumnisse“ innerhalb von 18 Monaten kommen einer positiven Dopingprobe gleich, was in Deutschland bedeutet, dass ein entsprechendes Disziplinarverfahren eingeleitet wird, das vor dem Deutschen Sportschiedsgericht (DIS) in Köln verhandelt wird. Viele Datenschützer sehen in dieser Dokumentation einen massiven Eingriff in die Privatsphäre und bemängeln die Sicherheit der Daten und die fehlende Anonymisierung.
Nicht alle Sportarten werden dabei gleich behandelt: Während beispielsweise ein Radsportler innerhalb von 12 Monaten mitunter zigfach kontrolliert wird, wird ein Fußballer in diesem Zeitraum eventuell gar nicht zur Dopingprobe gebeten. Auch auf nächtliche Dopingkontrollen zu Hause müssen sich Fußballer im Gegensatz zu Radfahrern kaum einstellen.
Wenn die NADA nach Wettkämpfen kontrolliert, geschieht dies stets nach dem gleichen Ablauf: Bei Spielsportarten werden Sportler*innen ausgesucht, bei Individualsportarten werden in der Regel die Sieger*innen getestet. Nach Zieleinlauf bzw. Schlusspfiff wird dann die bzw. der Ausgewählte von einer Kontrolleurin oder einem Kontrolleur begleitet, bis sie bzw. er eine gültige Probe abgegeben hat. Dabei kann es zu Problemen kommen, was die Quantität des Urins, aber auch dessen Dichte angeht. Anschließend werden A- und B-Probe im Beisein der Sportlerin bzw. des Sportlers versiegelt und ins Labor gebracht.

## 27.5 Verbot vs. Freigabe

Wer kann von sich behaupten, noch nie ein Vitaminpräparat genommen zu haben, um einer aufkommenden Erkältung zu entgehen, oder ein schleimhautabschwellendes Nasenspray, das nicht verschreibungspflichtig ist? Beides kann für Sportler*innen beispielsweise im Fall von Verunreinigungen oder von versehentlichen Überdosierungen einen positiven Dopingtest bedeuten.

Und wo ist die **Grenze** zwischen legalen leistungssteigernden Substanzen (beispielsweise Kreatin) und Doping? Kann man nicht die Argumentation mancher Menschen verstehen, die sagen, dass es Sportlerinnen und Sportlern, die außergewöhnliche Leistung erbringen sollen, auch erlaubt sein sollte, besondere Mittel und Methoden anzuwenden, um die Belastungen besser tolerieren zu können?
Von Zeit zu Zeit wird in den Medien die Freigabe von Doping gefordert oder diese zumindest in den Raum gestellt. Im Folgenden sind einige **Argumente pro und kontra Doping-Freigabe** aufgeführt:

- Profisportler sind die einzige Berufsgruppe, die, um ihren Beruf bestmöglich ausüben zu können, auf bestimmte chemische Substanzen verzichten oder Methoden nicht anwenden dürfen. Man könnte hier einen Widerspruch zu zahlreichen Bereichen in unserer Gesellschaft (z. B. Künstler, Musiker, Manager, Studenten) sehen, in denen die Anwendung leistungssteigernder Mittel nicht weiter hinterfragt und durchaus toleriert wird. Wachstumshormone als Anti-Aging-Produkte, Kokain, um die allgemeine Leistungsfähigkeit zu erhöhen, oder LSD, um der Kreativität nachzuhelfen, werden nicht in die Kategorie „Doping" gesteckt. Mit dem Begriff „Psychedelische Kunst" wird sogar eine ganze Kunstrichtung bezeichnet, in der Bildhauer, Maler, Filmemacher oder Musiker zu bewusstseinserweiternden Drogen greifen.
- Hochleistungssportler stehen in der Regel unter enger ärztlicher Beobachtung. Dadurch könnten die Substanzen und Methoden so eingesetzt werden, dass sie der Gesundheit der Athleten nicht abträglich wären, so ein weiteres häufiges Argument für die Freigabe von Doping. Dies ist aus zwei Gründen jedoch nicht zu Ende gedacht: Zum einen werden immer wieder neue, noch nicht zugelassene Medikamente genommen, deren Langzeitwirkungen völlig unbekannt sind. Zum anderen sind die Mittel, die verfügbar und hochwirksam sind, zuweilen auch toxisch. Beispielsweise können Perfluorcarbone (PFC), die die Sauerstoffversorgung erhöhen, nur 2- bis 3-mal pro Saison genommen werden; erfordert die Saisonplanung aber weitere Spitzenleistungen, könnte diese Grenze überschritten werden. Hinzu kommt, dass nur Topathleten in den Genuss einer ärztlichen Rundumversorgung kommen. Spätestens im Breitensportbereich müssten Sportler dagegen nach dem Prinzip *„Trial and Error"* vorgehen. Da der Spitzensport immer eine Vorbildfunktion für den Leistungs- und den Breitensport ausübt und entsprechende leistungssteigernde Mittel und Methoden wahrscheinlich schnell auch dort ankommen würden, wären die möglichen Gesundheitsgefahren unüberschaubar.

- Allgemein würde der gesundheitsorientierte Aspekt von Sport völlig in den Hintergrund treten, wenn man für einen Sieg massive gesundheitliche Einschränkungen oder ein frühes Ableben in Kauf nehmen müsste.
- Ein weiteres Argument pro Dopingfreigabe ist oft, dass diese angeblich zu Chancengleichheit unter den Athletinnen bzw. Athleten führen würde, da dopende Athletinnen und Athleten nicht mehr bevorteilt wären. Das Problem der Gerechtigkeit ist im Sport wie im sonstigen Leben aber ein universelles. In einigen Sportarten versucht man durch die Einteilung in Gewichtsklassen genetisch bedingten Merkmalen zu entsprechen. Natürlich wäre es nicht gerecht, wenn im Boxen ein 1,70 m großer, schmächtiger Mann gegen einen 2,10 m großen, kräftig gebauten Gegner antreten müsste. Im Basketball beispielsweise gibt es aber wiederum keine verschiedenen nach Körpergröße gestaffelten Klassen. Ebensowenig kann man etwas für seine genetisch weitgehend festgelegte Muskelfaserzusammensetzung, die maßgeblich darüber bestimmt, ob man ein*e gute*r Sprinter*in wird oder nicht (siehe auch S. 34). Auch soziale Gerechtigkeit wird völlig vernachlässigt: Athletinnen und Athleten, die sich gute Ausrüstung, teure Trainingslager oder die besten Trainer*innen leisten können, haben beispielsweise einen entscheidenden Vorteil gegenüber weniger privilegierten Konkurrentinnen und Konkurrenten.
- Für eine Dopingfreigabe wird oft auch das Recht auf individuelle Selbstbestimmung angeführt, d. h., dass man doch letztlich tun und lassen könne, was man wolle. Das träfe allerdings wirklich nur dann zu, wenn die Rechte anderer davon nicht beeinträchtigt wären.
- Ein Problem der Freigabe wäre auch die Wahl der Mittel. Denn nicht jeder hat die gleichen finanziellen Ressourcen und die gleiche ärztliche Unterstützung. Und selbst wenn das der Fall wäre, würden die gleichen Mittel mit der gleichen Dosierung nicht bei jedem die gleiche Wirkung auslösen. Beispielsweise hätte es einen geringeren Effekt, wenn man durch EPO von 43 % Hämatokrit auf 50 % dopen würde, als wenn man von 38 % ausginge, was natürlicherweise vorkommen kann.
- Man könnte natürlich zu dem Schluss kommen, dass die Dopingtests ohnehin selten zu einem positiven Befund führen, unter anderem, weil dopende Sportler*innen mit Ihren Substanzen und Methoden den Dopingkontrolleuren immer einen Schritt voraus sind. Die lange unter Verschluss gehaltene Studie „Doping in Deutschland von 1950 bis heute“ hat gezeigt, dass in Westdeutschland mit der gleichen Sys-

tematik gedopt wurde wie in der DDR. Positive Dopingfälle gab es trotzdem kaum. Auch der Radprofi Lance Armstrong konnte lange Zeit nicht überführt werden, obwohl er ca. 200-mal während seiner Karriere getestet wurde.
Dennoch ist festzuhalten, dass der Kampf gegen das Doping viele Erfolge aufweisen kann. Und auch wenn es sich um einen ständigen Wettlauf handelt, bei dem die Kontrolllabore und die Dopingfahnder durch die Entwicklung und Anwendung neuer Test- und Kontrollverfahren immer wieder auf neue Substanzen und Methoden der „Dopingindustrie" reagieren müssen, ist doch zu erkennen, dass das Kontrollsystem Schritt halten kann. Durch neue Verfahren ist es in Zukunft wahrscheinlich möglich, den Dopingsünderinnen und -sündern noch effektiver das Handwerk zu legen.

Professionalisierung scheint im Sport mit Doping einherzugehen: Die ersten Sportprofis der Neuzeit waren Radfahrer, die schon Ende des 19. Jahrhunderts davon leben konnten, ausschließlich Rad zu fahren. Bei Einführung der Tour de France ging diese zwar nur über ca. 2 500 km, allerdings gab es auch nur 6 Etappen, sodass jeweils über 400 km am Tag gefahren werden mussten; und dies auf Straßen, die wir heute eher Feldwege nennen würden, auf Rädern ohne Gangschaltung, die rund viermal so schwer waren wie heute, ohne Begleitfahrzeuge und mit einem Tempolimit in den Ortschaften. Diese Leistungen konnte noch nie ein Mensch ohne Doping vollbringen.

# Stichwortverzeichnis


α-Motoneuron 16, 32, 34

Abduktion (Gelenke) 41
Abenteuersport 127
Absolutkraft 110
Abtrainieren 81
Acetyl-CoA 75
Achillessehne 50
AC-Stretching 117
Adapt(at)ion 35, 84, 86, 90, 97 ff.
Adapt(at)ionsfähigkeit 84
Adduktion (Gelenke) 41
Adrenalin 72
aerobe Energiebereitstellung 73, 75 ff.
afferente Nervenbahnen (Afferenzen) 31, 65
Agonist (Muskel) 15
Aktinfilamente 31
Aktionspotenziale 31 f., 65
Aktionsschnelligkeit 107
aktiv-dynamische Dehnung 116
aktive Beweglichkeit 115
aktivierte Essigsäure 75
akustischer Analysator 68
Alkohol 144
Alles-oder-nichts-Gesetz 32
allgemeine Ausdauer 100
allgemeine Beweglichkeit 114
allgemeines Konditionstraining 92
Alveolen 56, 61
Amphetamine 143
anabole Substanzen 141
anaerobe Energiebereitstellung 73 f.
anaerobe Schwelle 74, 93
Analysatoren 15, 19, 68 f.
Anatomie 29
angeborene Immunabwehr 69
Anpassungsfähigkeit 84
Antagonist (Muskel) 16, 116
Anteversion (Gelenke) 41
anthropometrische Biomechanik 8
Antigene 69
Antikörper 69
Arthrose 50
Assoziationsfelder 66
Atem
– ~frequenz 63
– ~(hilfs)muskulatur 61, 99
– ~mechanik 61
– ~minutenvolumen 63
– ~stoßtest 64
– ~wege 61
– ~zentrum 62
– ~(zug)volumen 63
Atmungskette 73, 75 f.
Atmung(ssystem) 60 ff.
– Anpassung an Training 99
– äußere 60 ff.
– Bauch~ 61
– Brust~ 61
– Kenngrößen 63 f.
– Press~ 62
– Regulation 62
ATP (Adenosintriphosphat) 33, 73
Aufbaustoffwechsel (Anabolismus) 73, 141
Aufwärmen 54 f.
Ausdauer 35, 91 f., 97 ff.
– biologische Voraussetzungen 97 ff.
– Formen 100 ff.

– Training 97 ff.
– Trainingsanpassungen der Atmung 99
– Trainingsanpassungen der Skelettmuskulatur 99 f., 108 f.
– Trainingsanpassungen des Blutes 98 f.
– Trainingsanpassungen von Herz und Blutgefäßen 97 f.
– Trainingsmethoden 102 ff.
äußere Atmung 60 ff.
Auskugeln (Gelenke) 52
autogenes Training 125
autonom geschützte Reserven 91
autonomes Erregungsbildungs- und -leitsystem (Herz) 58
Autosuggestion 125
AV-Knoten (Herz) 58
Axon 65
Azidose 74
azyklische
– Bewegungen 3
– Bewegungsschnelligkeit 107
– Sequenzschnelligkeit 106

**B**änder 29, 35 ff., 40 ff.
– ~führung/~sicherung (Gelenke) 40 f.
– ~risse 52
Bandscheiben 29, 39
– ~vorfall (Prolaps) 54
Bauchatmung 61
Bauchspeicheldrüse 71 f.
Baustoffwechsel 73
Beanspruchung 82
Belastung 82
– ~sdruck 18
– ~snormative 82 f.
Beschleunigungskraftstoß 10
Beta-2-Agonisten 142
Betablocker 144
Beweglichkeit 91 f., 113 ff.
– biologische Voraussetzungen 114 f.
– der Wirbelsäule 38
– Formen 114 f.
– Training 113 ff.
– Trainingseffekte 115 f.
– Trainingsmethoden 116 f.
Bewegungs
– ~analyse 1 ff.
– ~apparat 29 ff.
– ~empfinden 68
– ~fluss 2
– ~handlungen 12 f.
– ~harmonie 3
– ~konstanz 2
– ~kopplung 2
– ~lehre 1 ff.
– ~lernen, Phasen 19 ff.
– ~lernen, Voraussetzungen 18 ff.
– ~merkmale 2 ff.
– ~muster 18
– ~ökonomie 116
– ~plan 66
– ~präzision 2
– ~programme 66
– ~rhythmus 2
– ~schnelligkeit
– ~stärke 2
– ~stempo 2
– ~steuerung 23 ff.
– ~umfang 2
– ~wissenschaft 1
Biegsamkeit 113
Bindegewebe 29
Biomechanik 8 ff.
biomechanische Prinzipien 9
Blut 58 ff.
– Anpassung an Training 98 f.
– Aufgaben 58 f.

– ~doping 59, 141 f.
– ~druck 57, 98
– ~gefäßsystem 58
– ~gerinnung 59 f.
– ~hochdruck 57
– ~körperchen, rote 59, 141
– ~körperchen, weiße 59, 69
– ~plättchen 59
– ~zellen (Hämatokrit) 58
– ~zuckerspiegel 72
– Zusammensetzung 58
Botenstoffe (Transmitter) 32, 65
Boykott 129
Breitensport 127, 140
Bremskraftstoß 10
Brenztraubensäure 75 f.
Bronchien 61
Brüche (Gelenkknochen) 53
Brustatmung 61
Brustwirbelsäule 38
Bursitis 52

**C**annabinoide 144
Carpenter-Effekt 23, 124
chemische u. physikalische Manipulation (Doping) 143
Clenbuterol 137, 142 f.
Closed-loop-Theorien 23 f.
CONCONI-Test 95 f.
COOPER-Test 96
Corticosteron 72
Cortisol 72
Cortison 144
CRAC-Stretching 117
CR-Stretchings 117

**D**auermethoden 102 f.
Deflektionspunkt 95
degenerative Gelenkschäden 53
Dehn
– ~fähigkeit 114
– ~methoden 116 f.
– ~übungen 114
Dehnungs
– ~reflexe 67
– ~rezeptoren 68, 114
– ~-Verkürzungs-Zyklus 111
Deutsches Sportschiedsgericht (DIS) 145
Dexamethason 144
Diabetes 72
Diastole 57
diastolischer Blutdruck 57
differenzielles Lernen 21
Differenzierungsfähigkeit 16
Diffusion 61
Disken (Kniegelenk) 40
Diskusverletzungen 51
Distorsion 52
Diuretika 142
Doping 59, 72, 136 ff.
– Erfolgsdruck als Grund 138
– Klassen 140 ff.
– ~kontrollen 144 f.
– ~mittel 140 ff.
– ~nachweis 141 ff.
– ~probe 145
– Verbot vs. Freigabe 145
– Verbotsliste 140 ff.
– Verbreitung 140
– WADA-Code 136 f.
Drehimpuls 11
Drehscharniergelenk 43
Drehwinkelgelenk 41, 43, 46
dreiachsige Gelenke 42
Druckbedingungen 18
Dynamik 8
dynamische
– Beweglichkeit 115
– ~s Dehnen 116
– Maximalkraft 110
– ~s Krafttraining 112

**E**cstasy 143

efferente Nervenbahnen (Efferenzen) 31, 66
Eigelenk 46
Eigenreflexe 67
Eigensuggestion 125
einachsige Gelenke 41
einfache Reaktionsschnelligkeit 106
eingipflige Periodisierung 88 f.
Einrenken (Reposition) 53
elementare Schnelligkeit 106
Ellipsoidgelenk 41
Endphase (Phasenanalyse) 4
Energiebereitstellung
– Aerob-alaktazide 73, 75 ff.
– Anaerob-alaktazide 73 f.
– Anaerob-laktazide 73 f.
Energiestoffwechsel 73 ff.
Engramm 14
Enthesiopathien 49
Ephedrin 143
EPO (Erythropo(i)etin) 59, 72, 142
Erhaltungstraining 81
Ermüdungswiderstandskraft 97
Ernährung 77 f.
erworbene Immunabwehr 69 f.
Erythropo(i)etin (EPO) 59, 72, 142
Erythrozyten 59, 141
Explosivkraft 111
Exspiration 61
exspiratorisches Reservevolumen 63
extensive Intervallmethode 104
Extremsport 127
extrinsisches Feedback 21 f.
exzentrische Kontraktion 110

Fahrtspiel 103
Faserknorpel 36
Feedback 21 ff.
Feinkoordination (Bewegungslernen) 19
Financial-Fair-Play-Regeln 132
Fingergelenke 46
Fotorezeptoren 65
Freizeitsportler*innen 128
Fremdreflexe 67
Frequenzschnelligkeit 106
Fresszellen 69
Frontalebene 41
FT-Fasern 33 f., 106, 109, 111
FTP-Wert 94
Funktionsphasenanalyse (GÖHNER) 5 ff.

Ganzheitsmethode 20
Gasaustausch 55, 60 ff.
Gedächtnis 14 ff.
Gefäßverschlüsse (Thrombosen) 141
Gehirn 14, 64 f.
Gelenk 29, 39 ff.
– Aufbau 39
– Beweglichkeit 40 ff.
– ~führung 40
– ~knorpel 39
– ~rezeptoren 68
– Schäden 51 f.
– ~schmiere (Synovia) 39
– ~sicherung 40
– Typen 40 ff.
– unechtes 40
– Verletzungen 51 f.
– Verschleiß 50
– wichtige ~e des Menschen 42 ff.
Gelenkigkeit 113 f.
Gen- und Zelldoping 143
generalisierte Widerstandsressourcen 136
generalisiertes motorisches Programm (GMP) 25
Gerinnungsfaktoren 60

gesellschaftliche Funktionen von Sport 127 f.
Gesundheit 134 ff.
– ~sbegriff 134 ff.
– ~smodelle 134 ff.
Glamoursport 127
glandotrope Hormone 71
glanduläre Hormone 71
glatte Muskulatur 30
Gleichgewichtsfähigkeit 16
Gleit-Filament-Mechanismus 33
Glucocorticoide 72, 144
Glucose (Traubenzucker) 72, 73 ff.
Glukagon 72
Glykogen 72, 73 ff., 77, 85
Glykolyse 73 ff.
GMP-Schema-Theorie 23
Golgi-Sehnenorgane 68, 117
Granulozysten 59, 69
Grobkoordination (Bewegungslernen) 19
Großhirn 66
Grundlagenausdauer 100 ff.
Gruppentaktik 122

**H**alswirbelsäule 38
Haltungsapparat 29 ff.
Hämatokrit 58 f., 141, 143
Hämoglobin 59
Handgelenk 46
Handlungskompetenz 92
Handlungsschnelligkeit 107
Haschisch 144
Hauptfunktionsphase 5
Hauptphase (Phasenanalyse) 4
Heroin 144
Herz 56 ff.
– ~aktivität 57
– Aufbau 56
– Anpassung an Training 97 f.
– autonomes Erregungsbildungs- und -leitsystem 58
– ~frequenz 95 f.
– ~kranzgefäße 98
– ~-Kreislauf-Erkrankungen 99
– ~-Kreislauf-System 55 ff.
– ~-Kreislauf-System, Schädigung 141
– ~minutenvolumen 97
– ~muskelentzündung 58
– ~muskelschädigung 58
– ~muskulatur 30
– Sport~ 97
– Steuerung und Regulation der ~Tätigkeit 58
HGH 72, 141
Hilfsfunktionsphasen 6
His-Bündel 58
Hitze
– ~erschöpfung 80
– ~krampf 80
– ~schäden 79 f.
Hitzschlag 80
Hochleistungssport 127 f.
Höhentraining 59, 142
Homöostase 60, 84 f.
Hormon 70 ff.
– ~drüsen (endokrine Drüsen) 71
– ~modulatoren und Stoffwechselmodulatoren 142
– ~funktionen 71 f.
– ~rezeptoren 70
Hüftgelenk 45
hyaline Knorpel 36
Hyper
– ~plasie 109
– ~thermie 79
– ~tonie (Bluthochdruck) 57
– ~trophie 97, 109
Hypo
– ~physe 71
– ~physeotrope Hormone 71

– ~thalamus 71, 78
– ~thermie 80
– ~tonie 57

IK-Training 113
Immun
– ~abwehr 59, 69 f.
– ~gedächtnis 70
– ~system 69 f., 99
– ~system, Auswirkungen von Sport auf das 70
Impulserhaltungssatz 11
Individualisierung 127
Individualtaktik 122
Informationsanforderungen 18
informationstheoretischer Ansatz 23 ff.
Inhibiting-Hormone 71
Insertionstendopathie 49
Inspiration 61
inspiratorisches Reservevolumen 63
Insulin 72
intensive Intervallmethode 104, 107
intermuskuläre Koordination 15, 35, 100, 106, 109 f., 116
Intervallmethoden 104, 107
Intervall-Probst-Test 96
intramuskuläre Koordination 16, 35, 100, 106, 108 ff.
intrinsisches Feedback 21
isometrische Kontraktion 110
isometrisches Krafttraining 112
isotonische Getränke 60

Kapillaren 56
Kapillarisierung 35, 98 f.
Kenngrößen der Atmung 63 f.
Kinästhetischer Analysator 68
Kinematik 8
Klassen (Dopingmittel) 140 ff.
Kleinhirn 66
Kniegelenk 42 f.
Kniescheibe (Diskus) 42 f.
Kniesehnenreflex 67
Knochen 29, 36 ff.
– Anpassung an Training 36
– Aufbau 36
– ~brüche 53
– ~führung 40, 42, 44
– ~sicherung 40
Knorpel 29, 36 f., 39 f.
– Anpassung an Training 36
– ~impressionen 50
– ~kontusionen 50
– ~schäden 50 f.
– ~typen 36 f.
– ~verletzungen 50 f.
Knotenpunkte 6
*Knowledge of Performance* (KP) 22
*Knowledge of Results* (KR) 22
Kohärenzsinn 136
Kokain 143
Kollagenfasern 29, 35
kombiniertes Krafttraining 112
komplexe Reaktionsschnelligkeit 107
komplexe Schnelligkeit 107
Komplexitätsdruck 18
Kondition 91 f.
konditionelle Fähigkeiten 16, 91 f., 97, 105, 108, 113
Konduktion 78
Konstitution 91
kontinuierliche Dauermethode 103
Kontraktion (Muskulatur) 31 ff., 99, 108 ff.
Kontrollmethode 104 f.
Konvektion 79
konzentrische Kontraktion 110
Koordination 15 ff.

– intermuskuläre 15, 35, 100, 106, 109 f., 116
– intramuskuläre 16, 35, 100, 106, 108 ff.
Koordinations-Anforderungs-Regler-Modell (KAR-Modell) 18
Koordinationsübungen 107
koordinative
– Fähigkeiten 16, 92, 105, 113
– Fertigkeiten 17
Kopplungsfähigkeit 16
Koronargefäße 98
Körper
– ~kreislauf 55 f.
– ~temperatur 78 ff.
– ~wahrnehmung 19
KP (Kreatinphosphat) 73
Kraft 91 f., 108 ff.
– biologische Voraussetzungen 108 f.
– Formen 110 ff.
– ~training 34, 108 ff.
– Trainingseffekte 108 f.
– Trainingsmethoden 112 ff.
Krämpfe 34
Krankheitserreger 69
Kreatinphosphat (KP) 73
Kreuzbandriss 52
Kreuzbein 38
Kugelgelenk 42, 44 f.
Kurzzeitausdauer 102
Kurzzeitgedächtnis 15
Kybernetik 24

**L**aktat (Milchsäure) 73 ff., 93, 98
– ~-Steady-State 74, 93
– ~tests 94 f.
Langerhans'sche Inseln 71 f.
Langzeitausdauer 102
Langzeitgedächtnis 15
Leistung 81, 90 ff.
– ~sdiagnostik 92 ff.
– ~sdiagnostik, Parameter 93 f.
– ~sfähigkeit 90 f.
– ~sfaktoren 91 f.
– ~sorientierter Sport 128 f.
– ~sreserven 91
– ~steigerung 81
– ~svoraussetzungen 90 f.
Lendenwirbelsäule 38
Lernen 14
Lernerfolg 19
Lernmethoden 20
Leukozyten 59, 69
Limbisches System 66
lohnende Pause 89, 104
lokale Ausdauer 100
Lokomotion 5
Longitudinalachse 41
Luftröhre 61
Lungenbläschen (Alveolen) 56, 61
Lungenkreislauf 55 f.
Luxation 52 f.
Lymphozyten 59, 69, 99

**M**akrophagen 69, 99
Makrozyklen 88
Manipulation 5
Mannschaftstaktik 122
Marihuana 144
Maskierungsmittel 142
Massenträgheitsmoment 11
maximaler Laktat-Steady-State (maxLass/MLSS) 74, 93
maximale Sauerstoffaufnahme ($VO_2max$) 93
Maximalkraft 110
– ~training 112 f.
Mechanik 8
Mechanorezeptoren 65
Medien (Einfluss auf den Sport) 130 ff., 139
Meldepflicht 145

Meniskus 40
– ~verletzungen 51
Mentaltraining 124 f.
Methadon 144
methodische Übungsreihen 21
Mikrozyklen 88
Milchsäure (Laktat) 73 ff., 93, 98
– ~gärung 73
Mitochondrien 75, 100
Mittelzeitausdauer 102
monosynaptische Reflexe 67
Monozyten 59, 69
Morphin 144
Motivation 13
Motive 13
Motoneuron 16, 32, 34
Motorcortex 66
motorische
– Einheiten 16, 32, 66
– Endplatte 32
– Fähigkeiten 91
– Grundeigenschaften 16, 97, 105, 108, 113
– ~s Lernen 14 ff.
Muskel 30 ff.
– Anpassung an Training 34 f., 99 f., 108 f
– Aufbau 31
– ~faserbündel 31
– ~fasern 31, 33, 100, 106, 108 f., 111 ff.
– ~faserriss 48
– ~fasertypen 33 f.
– ~fibrillen (Myofibrillen) 31
– ~führung 40
– ~kater 48
– ~kontraktion 31 ff., 99, 108 ff.
– ~krämpfe 49
– ~querschnitt 109
– ~risse 48
– ~schäden 48
– ~schlinge 111
– ~sicherung 40, 42
– Skelett~ 30 ff.
– ~spindeln 68, 114, 117
– ~tonus 116, 125
– ~typen 30
– ~verletzungen 47 ff.
– ~zelle 65
– ~zerrung 48
– ~zittern 80
Myoglobin 59
Myosinfilamente 31
Myostatin-Inhibitoren 142

NAD+ 75
NADA (Nationale Anti-Doping-Agentur) 137, 145
NADH/H+ 75
Narkotika 144
Nebennieren 71
negativer Kraftstoß 10
Nervensystem 14, 64 ff.
– Aufbau 64 f.
– Anpassungen an Sport 67
Nervenzelle (Neuron) 65
Neuroenhancement 140
neuromuskuläre Synapse 32
Noradrenalin 72
Nussgelenk 45 f.

Ödemisierung 48
ökologisches Aktionsmodell 27
Open-Loop-Theorien 23 ff.
Open-Window-Phänomen 70
Operationalisierung (Techniktraining) 118
optischer Analysator 68
Orientierungsfähigkeit 17

Pause
– lohnende 89, 104
– vollständige 89, 104

passiv-dynamisches Dehnen 116
passive Beweglichkeit 115
Patellarsehnenreflex 67
Pathogenese 134
PECH-Regel 48
Peptidhormone 70, 141
Perfluorcarbone (PFC) 146
Periodenzyklus 87 f.
Periodisierung 88 f.
peripheres Nervensystem 64
Phasenanalyse (MEINEL) 3 ff., 20
Phasenmodell der Bewegungshandlung 12
phasisch arbeitend (Muskel) 34
Physiologie 29
Plasma (Blut) 58
Plasmavolumen 98
plyometrische Trainingsformen 113
PNF-Methoden 117
polysynaptische Reflexe 67
präventive Biomechanik 8
Präzisionsdruck 18
Pressatmung 62
Prinzip
– der Anfangskraft 10
– der Aufgliederung in funktionelle Teileinheiten 20
– der Gegenwirkung 12
– der graduellen Annäherung 20
– der Homöostase und der Superkompensation 84 ff.
– der Impulserhaltung 11
– der individualisierten Belastung 90
– der Kontinuität 86
– der optimalen Relation von Belastung und Erholung 89
– der optimalen Tendenz im Beschleunigungsverlauf 11
– der Periodisierung und Zyklisierung 86 f.
– der Steigerung 86
– der verminderten Lernhilfen 20
– der wechselnden Belastung 90
– der zeitlichen Koordination von Teilimpulsen 11
– des optimalen Beschleunigungsweges 9
– des wirksamen Belastungsreizes 84
Pronation (Gelenk) 41
psychologisches Training 107, 124 f.
Pufferkapazität des Blutes 74, 98
Puls 57, 98
Purkinje-Fasern 58
Pyramidenmethode 112 f.
Pyruvat 75 f.

**q**uergestreifte Muskulatur 30

**R**andsportarten 132
Raumachsen 41
Reaktion
– Reiz-~s-Schema 67
– ~sfähigkeit 17
– ~sschnelligkeit 106 f.
Reaktivkraft 111
– ~training 113
Recall-Schema 26
Recognition-Schema 27
Reflexbogen 67
Reflexe 67 f.
– Eigen~ 67
– Fremd~ 67
– monosynaptische 67
– polysynaptische 67
Regelkreismodell 25
Regeneration 85
Reiz 65, 67

– ~-Reaktions-Schemas 67
– ~schwelle 32
– ~stufenregel 84
Rekrutierung (Muskelfasern) 16, 32
Rekrutierungsmuster 16
Releasing-Hormone 71
Residualvolumen 63
Retroversion (Gelenke) 41
Rezeptoren 15, 65, 68
Rhythmisierungsfähigkeit 17
Riesenfresszellen 69, 99
Risikofaktoren-Modell 134 f.
Röhrenknochen 36
Rotatorenmanschette 44
– Riss 53
rote Blutkörperchen 59, 141
Roux-Prinzip 84
Rückenmark 38, 64
Ruhepuls 98

**S**agittalachse/-ebene 41
Salutogenese-Modell 135 f.
Sarkomere 30 f.
Sattelgelenk 41
Sauerstoff
– ~defizit 76
– ~gleichgewicht 93
– ~-Steady-State 76, 93
Scharniergelenk 41, 46
Schema PECH 48, 53
Schilddrüse 71
Schleimbeutel 40, 43
– ~entzündung 52
Schmerzmittel 140
Schnelligkeit 91 f., 105 ff.
– biologische Voraussetzungen 106
– Formen 106 f.
– Trainingseffekte 106
– Trainingsmethoden 107
– ~straining 105 ff.
Schnellkraft 110 f.
– ~training 113
Schultereckgelenkssprengung 52
Schultergelenk 41, 44
Schweißdrüsen 79
Schwimmbad-Blackout 63
Sehnen 35
– Anpassung an Training 35
– ~ansatzreizung 49
– ~ruptur (~riss) 50
– ~schaden 49 f.
– ~scheide 35
– ~scheidenentzündung 49
– ~spindeln 68, 117
– ~verletzung 49 f.
Seitenstechen 99
Sequenzschnelligkeit 106
Serum (Blut) 59
Sicherung der Gelenke 40
Sinnesorgane/-zellen 15, 65, 68
Sinusknoten 58
Situationsdruck 18
Skelett 37
Skelettmuskulatur 30 ff.
– Anpassung an Training 34 f., 99 f., 108 f.
– Aufbau 31
– Kontraktion 31 ff., 99, 108 ff.
somatisches Nervensystem 64
Somatotropin 72, 141
Sonnenstich 79
spezielle
– Beweglichkeit 115
– Ausdauer 101
– ~s Konditionstraining 92
spezifische Immunabwehr 69 f.
Spitzensport 140
Sponsoring 130 f.
Sport
– Ausprägungen 127
– ~biologie 29 ff.

– ~-Biomechanik 8
– gesellschaftl. Funktionen 127
– ~herz 97
– ~liche Form 87
– ~liches Training 81 ff.
– ~psychologie 124
– ~schäden 47 ff.
– ~übertragungen in den Medien 131 ff.
– Organisation 128 f.
– ~ und Politik 129
– ~vereine 128
– ~verletzungen 47 ff.
Sprintschnelligkeit 107
Sprunggelenk 44 f.
Standardmethode 112
Startkraft 111
statico-dynamischer Analysator 69
statische
– Beweglichkeit 115
– Maximalkraft 110
– ~s Dehnen 116
– ~s Krafttraining 112
Steroide 141
Steroidhormone 70
ST-Fasern 33 f., 109, 112
Stimulanzien 143 f.
Stoffwechsel 73 ff., 79 f.
Strecksprung 9 f.
Stressoren 135
Stretching 116
Superkompensation 85
Supination (Gelenke) 41
Synapse 32, 65 ff.
Syndesmosebänder 44
Synergist (Muskel) 116
Synovia 35
systemdynamischer Ansatz 27 f.
Systole 57
systolischer Blutdruck 57
Taktik 121 ff.
– Formen 121 f.
– ~training 121 ff.
– Trainingsmethoden 123
taktiler Analysator (Tastsinn) 68
taktische
– Fähigkeiten 122
– Fertigkeiten 122
– Grundausbildung, Ziele und Aufgaben 122 f.
– Handlung, Stufen einer 123
Talent 19
Tawara-Schenkel 58
Technik 117
– ~anwendungstraining 118
– ~erwerbstraining 118
– Operationalisierung 118
– Trainingsformen 118 ff.
– Trainingsmethoden 120 f.
– ~training 117 ff.
Teillernmethode 20
Temperatur
– ~regulation 78 ff.
– ~rezeptoren 78
Tempowechselmethode 103
Tennisellenbogen 49
Testosteron 72, 141
Thrombozyten 59
Titinfilamente 31
tonisch arbeitende Muskeln 34
Totalkapazität 63
Training
– ~Grundbegriffe 81 ff.
– ~sinhalte 82
– ~slehre 81 ff.
– ~smethoden 82
– ~smittel 82
– ~sparameter 82
– sportliches 81 ff.
– ~sprinzipien 83 f.
– ~sziele 82

– ~zyklus (Periodenzyklus) 87 f.
Transfermarkt 132
Transmitter (Botenstoffe) 32, 65
Transpiration 79
Transversalachse/-ebene 41
Trendsportarten 127

Übergangsperiode 87
Überhitzung 79
Übersäuerung 74
überschwellige Reize 84
Übertragungsrechte 132
Übertraining 85 f.
Ultrakurzzeitgedächtnis 15
Umstellungsfähigkeit 17
unechte Gelenke 40
unspezifische Immunabwehr 69
Unterkühlung 80
unterschwellige Reize 84
Untertemperatur 80

variable Dauermethode 103
vegetatives Nervensystem 64
Verbotsliste (Doping) 140 ff.
Verdunstung 79
Vereine 128, 139
Vereinssport 127
Verstauchung 52
Vestibularanalysator 69
Videoanalyse 23
Viskosität (Blut) 141
Vitalkapazität 63
vollständige Pause 89, 104
Vorbereitungsperiode 87
Vorbereitungsphase 3

WADA 136 ff.
– ~-Code 136 f.
– ~-Verbotsliste 140 ff.
Wärmeabgabe, Mechanismen 78 f.
Wechselwirkungsgesetz 12
weiße Blutkörperchen 59, 69
Welt-Anti-Doping-Agentur 136 ff.
Weltgesundheitsorganisation (WHO) 134
Werte 130
Wettkampfmethode 104 f., 107
Wettkampfperiode 87
Wiedererkennungsschema 27
Wiedergabeschema 26
Wiederholungsmethode 104, 107
Widerstandsressourcen 136
Windkesselfunktion 57
Winkelgeschwindigkeit 11
Wirbel 37 ff.
– Aufbau 39
– ~körper 38
– ~säule 37 ff., 53 f.
– ~säule, Abschnitte 38
– ~säule, Beweglichkeit 38
– ~säule, Funktionen 39
– ~säulenschaden 53 f.
– ~säulenverletzung 53 f.

Zapfengelenk 41
Zeitdruck 18
Zellatmung 75 f.
zentrales Nervensystem 64
Zergliederungsmethode 20
Zitronensäurezyklus 73, 75 ff.
Z-Membranen (Z-Scheiben) 31
zweiachsige Gelenke 41
zweigipflige Periodisierung 88 f.
Zwei-Phasen-Theorie 24
Zwerchfell 61, 99
Zwischenphase 5
Zwischenrippenmuskulatur 61
zyklische
– Bewegungen 3 ff.
– Bewegungsschnelligkeit 107
– Frequenzschnelligkeit 106
Zylindergelenk 44